1億円の貯め方

貯金0円から億り人になった「超」節約生活

絶対仕事辞めるマン

ダイヤモンド社

はじめに

皆さん、本書を手に取っていただきありがとうございます。

絶対仕事辞めるマンと申します。

名前の通り、アーリーリタイア、いわゆるＦＩＲＥ（経済的自立と早期リタイア）を目的に長年蓄財してきました。


皆さんはなぜ『１億円の貯め方』という、怪しげな本を手に取ってくれたのですか？

それは、濃淡はあれど「１億円の貯金があったらなあ…」という思いからでしょう。

「１億円あれば、あれもこれも買って……。子どもを私立に入れられるし、老後の生活も盤石かも。家のローンもすべて返済して、気楽に生きよう」なんて。

もしくは、こんな思いをお持ちだった方もおられるかもしれません。

「１億円あればイヤな会社で働かずに済む」と。いわゆるＦＩＲＥ願望です。

ＦＩＲＥがブームになって久しいですが、私はそのはるか昔からコツコツ蓄財をし続け、結果としては**1億円を貯めきりました**。運も才能もなかったので極端に節約し、半生を犠牲にし、まさに血を吐く思いで蓄財をしてきたのです。

ＦＩＲＥといえば「夢を叶える」「好きなことで自由に生きる」といった前向きな理由が多いようですが、私の動機は**ブラックな職場から逃げ出したい**というただ一点のみ。

私が蓄財を思い立ったのは、貯金がゼロだった、約21年前のブラック企業入社日です。当時は有効求人倍率０・５１倍と言われた超就職氷河期。現在のように誰でもどこでも好待遇で働ける状況にはなく、就職も転職も絶望的な時代でした。

命からがら正社員にはなれたものの、過酷な環境でボロボロになって働く諸先輩社員を目の当たりにし、働き始めたその日に「定年まで働いたら、途中で過労死か自殺で絶対に死ぬ」と感じたのです。実際に弊ブラック社には、不幸にも自ら命を絶った方が何人もおられます。

当時の雇用情勢は「嫌なら辞めろ」「嫌なら野垂れ死ね」。辞めても働き口はありません。

辞めれば野垂れ死に、進めばブラック企業で死ぬまで労働。そこで生存への道として、お金を貯めて会社から逃げ出す方策を考えるようになりました。

その状況で私は、このままだと定年まで続くであろう労働を懲役40年と解釈しました。罪状は「氷河期世代罪」。

蓄財によって**「職場」という刑務所からの逃亡**を目指したのです。

当初立てた貯蓄目標は10年で５０００万円という途方もないもの。何とかブラック職場に耐えられそうな10年くらいの間に５０００万円を手に入れよう。そうすれば、年利５％で運用すると年間２５０万円の利益を生み、それで一生生活していけると思ったからです。手取り20万円以下だった当時の私にとっては、年収をはるかに超える無謀な目標額でした。しかし「貧乏人は泥を食え」のスローガンのもと、非文化的な節約生活を送って最大限に蓄財していきました。

途中でさまざまな不幸に遭い計画は大きく遅れたものの、最終的には目標を何度か上方修正し、約21年で1億円という最終目標を達成しました。

投資で大もうけしたわけでもなく、宝くじが当たったわけでもない、**世にも珍し**

い**「蓄積型億り人」**になったのです。

お金は最強の精神安定剤

達成までの期間が長かった分、私にはお金について考える時間が多くありました。

先ほど「1億円あればイヤな会社で働かずに済む」と考える人がいるかもしれないと書きました。パワハラや過重労働によって重篤な精神状態の方もいるかもしれません。私もかつてはそうでした。


端的に言うと**貯金の最良の使い道は精神安定剤**です。

絶対に1億円が必要だとは申しません。1000万円でも数百万円でも、ある程度のまとまったお金があれば、それで救われる命があるということです。命とまでは言わずとも、老後や生活の不安、金欠に起因する劣等感だって、かなり払しょくできます。

また、長い長いFIRE修行中に考えた結果、お金とは幸福になるためのものではなく、不幸を遠ざける機能しかないと思うようになりました。

私の場合、貯金額に応じて次のように感じました。

1000万円の貯蓄で「死にたい」と思わない。
5000万円で「本当に会社を辞められる」安心感。
1億円で「もう、お金で悩まなくて済む」という解放感。

くわしくは本書で後述しますが、きっと皆さんにとっても、貯蓄は人生の精神的な地盤を固める土台となることでしょう。

「節約＝苦痛」を疑え

しかし誰かに「貯金をしなさい」と言われたら、ムッとする方も多いと思います。現在の楽しみを犠牲にしてまで貯金したくない気持ち、あるでしょう。

でもそれは、貯金に対する誤った先入観かもしれません。

本当に「貯金」と「楽しみ」はトレードオフの関係なのでしょうか？　この世にはお金を使わなくても楽しく暮らしている人はいますし、その逆もいます。さらに言えば、お金を貯める過程そのものを楽しむこともできるのではないでしょうか。

人間は合理化を楽しめる生き物です。私はドケチの旗印のもとで生活の合理性を進め、最終的には貧困節約生活でもそれなりに心豊かに暮らせるようになりました。

どうせ精神安定剤のためのお金を貯めるなら、楽しく貯めたいですよね。私の場合、泣いて貯めても1億円、笑って貯めても1億円だと気づくのが遅かったんです。だから皆さんにはそのことを早く知ってほしいと思います。

「1億円の貯め方」と銘打っていますが、あくまで私の一例であって、人それぞれ楽しく貯蓄を進める方法はあると思います。この本のなかでも、さまざまな考え方や時には極端な手法をお伝えしますが、あなたに合った方法を選んでいただき、ぜひあなたも最強の精神安定剤を手に入れてほしいと思います。

執筆にあたっては、

- **蓄財をするための適切な目的を立て、節約や貯金といったお金についての偏見をなくす**
- **心を失った拝金主義者にはならないでほしい**
- **途中でイヤにならないよう節約自体を楽しんでほしい**

こんなことを考えながら書きました。

だから節約効果が大したことのない、すごく変な節約遊びも書いています。でも大体はまじめな顔でちゃんと書きました。

節約や蓄財の技術やマインドの参考として、もしくは単なるエンタメとしてであっても、本書の1ページでも1行でも、皆さんのお役に立てば幸甚です。

本書の内容

第1章では、世にも珍しいコツコツ貯蓄型で資産1億円を達成した私が考える、お金を貯めることの効用や、そのための基本的な考え方について紹介します。

また、私が資産1億円を達成した、目標設定の方法もお伝えします。**「なんとなくお金を貯めたいなぁ」程度の覚悟では、目標額を貯めることはできません。穴の開いたバケツに小手先のテクニックで水を入れても、漏れていくだけです**。「何が何でも目標額を達成するんだ！」という決意が必要です。

その決意を固めるには「なぜ、それだけのお金が必要なのか」をハッキリさせる必要があります。そのために、私は暮らしていくための生活費と、いつまで生きるのかを掛け合わせた支出、お金を確保し続けるための金利を考慮したシミュレーションを繰り返してきました。その方法や結果をまとめた**「人生に必要な金額がわかる」グラフ**を紹介します。

第2章では「何がなんでも蓄財してブラック企業から抜け出す」と決意した新卒入社初日から、資産1億円を達成したときまでの過程や、心情についてまとめています。理不尽なブラック労働に耐えながら、どうお金を貯めてきたのか追体験していただける内容です。

蓄財の道のりは、順調なことばかりではありませんでした。リーマンショックなどで大失敗したことがあります。これらを経て、私は年利1％を目標とする超極端な防衛型蓄財をするようになりました。この経験をお読みいただくことで、皆さんが**無理のない貯蓄計画**を検討していただけるようになれば幸いです。

第3章では、節約や貯金について、普段行っている節約生活を紹介します。人間、経済合理性を極めればここまでセコくなれるのか！　という知恵などをそれぞれ数ページずつで掲載しております。節約生活は苦行のように思えますが、意外にも工夫して**楽しみながらお金を貯める**ことは可能です。

それでは、コツコツ貯金で1億円貯めた、ＦＩＲＥ教室を始めましょう！

contents

第1章

ふつうの会社員がコツコツ1億円を目指すための心構え

第2章 億の細道——資産1億円までの道のり

第3章 楽しみながら1円でも貯める超節約生活の知恵

・本書の内容は2024年1月末時点の情報を元に作成しています。本書の刊行後に法律や制度が改正、各社のサービス内容が変更される可能性があります。
・本書の内容によって生じた損害、および本書の内容にもとづく投資や運用の結果生じた利益や損失について、著者および株式会社ダイヤモンド社は一切の責任を負いませんので、あらかじめご了承ください。
・本文中の「富裕層」「準富裕層」「アッパーマス層」「マス層」という呼称ならびに分類の基準については、株式会社野村総合研究所の日本における純金融資産保有額別の世帯数と資産規模推計にもとづいています。

第1章

ふつうの会社員がコツコツ1億円を目指すための心構え

貯金は最強の「精神安定剤」

人は、なぜお金を貯めたがるのでしょうか。

その理由の多くは、

・将来起こるかもしれない、不測の事態への備え
・高価なものを買うための、一時的な蓄財

といったところでしょう。
本書でいう「貯金」とは主に前者の意味で使っています。ではこの貯金はいくらあれば安心なのでしょうか。

私は「いくらあっても完全に安心することはない」と考えています。資産がまったくな

い状態から、これまで20年以上かけて1億円を貯めてきました。コツコツと。

しかし、「これで絶対に安心か？」と聞かれたら、答えは「ノー」です。SNSを見ていても、総資産数億円クラスの大金持ちも何やら毎日お金に悩んでいるご様子。

とはいえ、貯金ゼロの状態と、ある程度まとまったお金がある状態では、やはり心持ちが違ってくるものです。では、いくらあれば心持ちを変えることができるのでしょうか。

これ自体は人の性格や状況、年齢などで変わってきます。私の場合、貯金0円から1億円までの過程で、**明確に貯金による安心感が現れたのは、1000万円くらいのときでした。**

まずは「1000万円」。これで心は軽くなる

25歳のとき、貯金はゼロでした。超ブラック企業で毎日15時間も働かされ、心身ともにボロボロ。さらに、時は就職氷河期。転職もできず逃げ場もありませんでした。

かといって、働き続けなければ日々の生活もままなりません。勢いで退職願をたたきつけようものなら、もう二度と就職できる気もしませんでした。

マラソンで、もう倒れそうなのに後ろから槍《やり》でつつかれ「走れ、走れ」と追い立てられるような心境……。

いきなり暗い話になってしまうのですが、ブラック職場で精神が追い詰められてくると、人間はよくないことを考えるものです。「ぶっちゃけ、死んで楽になりたい」と。

会社や仕事にここまで追い詰められる方はそう多くないと思いますが、普通の会社でも日々の仕事への不満はありますよね。「もう辞めたい！」「でも生活があるし……。辞められない……」みたいなことは、誰しも一度は考えると思います。

この「辞められない……」が「辞めちゃおうかな……！」に変わるライン。それが私のケースではおよそ1000万円という金額でした。

実際、これはかなりの大金です。どれだけがんばって貯金しても、何年もかかります。逆に、使い込んでも数年は持つお金ということです。それなりの一般家庭の支出なら、2〜3年間は無収入で暮らせるのではないでしょうか。ガリガリと一生懸命節約すれば、5年以上は大丈夫かもしれません。

もちろん1000万円ではFIREは不可能です。その先どれだけ節約しても、「これで人生アガリ」というわけにはいきません。

世の中には「1000万円でFIRE」をうたう指南者もいるのですが、これは不可能だと断言できます。超特殊なレベルで節約生活ができるスキルを持った私でも、１０００万円では不可能です。

非現実的な運用利回りを見込んだものの実現できず破たんするか、いずれは再び働くことになるでしょう。

ですが、２～３年間は無収入で暮らせる、という状態はかなり絶妙なんですね。３年後には何かが好転しているかもしれないし、数年間のニート生活はそれはそれで楽しそうです。これが数か月だとそうはいきません。

先ほど「死んで楽になりたい」などと物騒な心理状態を書きましたが、これがおおむね消えたのがこの１０００万円、もとい「２～３年は絶対何とかなる」という状態を達成したときでした。１０００万円の貯金が**非常時の緊急脱出ゲート**のような役割を果たすようになったんですね。

「ビルから飛び降りるくらいならこのお金を持って逃げよう。数年ゆっくりしてからでも遅くないよね」。少しはそう思えるようになりました。もちろんこれは、単に２～３年、選択を先延ばしにするだけのことです。さらに、それだけ身体は老《ふ》けますし、とても根本的解決にはなっていません。

だけど、とりあえずは……逃げられるゲートが開くのです。

人によっては300万円でも、500万円でも構いません。とにかく「数年間何とかなる」という状態は、お金で買えない価値があります。

お金そのものなので、むしろ純粋な「お金で買える価値」なのかもしれませんが……。

これは、貯めたお金の「精神的価値」に主眼を置いたニュアンスです。

なにも、この状態になっても、本当に退職願を叩きつけなくてもよいのです。普段通りに暮らしていればよい。でも「やろうと思えばできる」という状況が救いになります。**ボールがこっち側にある状態**、とも言い換えられるかもしれません。

人生最初の1000万円の「最も正しい使い方」

1000万円という金額について、世間では「あっという間になくなるよ」といった意見も多いです。確かに車や家を買ったり、豪華な旅行に出かけたりすればあっという間。

たいていのものは買えますが、それを買い続けられる金額ではないのです。まさに「あっという間になくなる」お金。

しかし、これは「人生最初の1000万円」の正しい使い道とは言えません。最も正しい使い道は、先ほど書いた「緊急脱出ゲート」なのだと思います。この非常に優れた精神の盾《たて》を、車や旅行なんかに使ってはもったいなさすぎる。

そして、**精神の盾はいくら防御に使っても1円も減りません**。無限に効果を発揮します。これ以上ないいくらい優秀な使い道です。

というわけで、まずは何が何でも「数年逃げられる」お金を貯めることから始めましょう。ただ、貯金というのは初期が一番つらいです。5000万円を6000万円に増やすのと、0円を1000万円に増やすのでは、格段に難易度が違います。

これにはいろいろと理由がありますが、

・運用できる原資がないこと
・貯めグセがついていないこと

の2つが大きいと思います。

1つ目の運用原資がない、についてはもう仕方ありません。数学的にそうなるのですから、ブックサ言ってもどうしようもないことです。最初は地道にいくしかありません。ここで焦るあまり借金して投資をしたり、ハイレバレッジ（資産の数倍～数十倍の取引をすること）を掛けたりしてはドツボルートに進んでしまいますので、気をつけましょう。
また、貯金がなく、精神的に不安定だからこそ、イライラして散財してしまうこともあると思います。そういう意味でも最初が一番つらいのです。

2つ目の貯めグセについては、まずは「とにかく気合」としか言いようがありません。貯金本でいきなり「貯金の極意は気合です」と言うのはいかがなものかと思いますが、本当にそうなのです。

はっきりとした目的意識ややる気がない限り、いくら小手先の貯金ノウハウを学んでもムダです。本書の後半では、私が実践している節約法を紹介しますが、モチベーションが確かでない限り、継続することがつらくなってきます。**今、ここでしっかりと気合を入れておきましょう**。根性論です。気合です。昭和です。マインドなのです。

数年間、貯金に人生を捧げてみよう

その意味でも、最初に「精神の盾」を強いモチベーションに貯金を始めるのが最善策です。数年間がんばりにがんばって、貯めに貯めまくれば、できないことではありません。

突然ですが、学生時代のことを思い出してみてください。「人生の若い数年間を勉学に捧《ささ》げれば、高学歴が手に入る」と思いながら、勉強をしていた方がいらっしゃるのではないでしょうか。学歴社会がいいとは思いませんが、現実問題として、それは長期間に渡って人生で有利に働く「学歴の盾」となります。

さらに、その時に本質をしっかり学んだ方なら、学歴の盾は「知識の盾」にまでなっているかもしれませんね。これは、人生の早い段階での数年間の努力が、なんとなく一生を守り続けるという実例です。

それと同じように、**今度は人生のなるべく早い時期に、数年間だけ貯金に捧げてみましょう**。数年間で無理なら、5年、10年かかっても大丈夫。受験勉強と違って、「精神の盾」を手に入れるのに、時間制限はありません。いったん手に入れたら散財しないようにさえすれば、知識の盾と同様に、一生自分を守り続けてくれる大きなパフォーマンスを発揮します。

私のケースでは、最初の約3年間で1000万円を貯めました。「どうせ、新卒でいい会社に入って、高収入だったんでしょ?」と思われるかもしれませんが、別に収入が高かったわけではありません。**手取り19万円ほどの給料から月15万円を貯金し、ボーナスもすべて貯めました**。振り返ると、とても寂しい生活です。

幸いにも、家賃のほぼかからない寮暮らしだったこともありますが、これで年間250万円の貯金。ここに運よく株の利益が出て、約3年で大台に乗ったわけですが、株がなくても計算上は4年で到達したはずです。

当初の目標は5000万円だったこともあり、1000万円はただの通過点でしたが、このあたりから「死のう」とはあまり思わなくなりました。

最後に命を守る精神の盾の完成です。

私は、「どうしてもブラック職場地獄から抜け出したい」という特殊事情があったので極端な蓄財生活となってしまいました。普通はここまで地獄の暮らしを耐え忍ぶ必要はありませんが、それでも最初にまとまったお金を貯めておくことを強くおすすめします。

どこまでも、どこまでも、一生あなたについてきて身を守ってくれる、頼もしいボディーガードとなってくれるでしょう。

確かに、現在の楽しみを犠牲にしてまで貯金したくない気持ちもわかります。それに現状に満足していたら、こんなボディーガードは必要ないかもしれません。だけど、数百万円あれば、将来起こりうる致命的な不幸を避けられるのも事実です。

そして、後ほどくわしく見ていきますが、楽しみと金銭消費は必ずしもリンクしません。目標を据えて一歩一歩進んでいくこと自体が、それもまた人生の楽しみともなりえます。

最強の精神安定剤、人生最初の1000万円。手に入れてみませんか？

人生を変える（買える）「1億円」の重み

この本のタイトルにもなっている、「1億円」のお話をしようと思います。

世の中に、本気で1億円を貯金しようとする人はあまり多くないと思います。そもそも、一般の人は1億円自体について、深く考えたことがないのではないでしょうか。

誤解なきように言っておきますが、ここで言う「一般人」とは、ごく普通に収入を得て、ごく普通の幸せな人生を歩み、銭ゲバにならずとも幸せに暮らしていける人たちのことです。

言い換えれば、お金のことを深く考えなくても十分幸せに暮らしていける人たち。

一方で、不幸にして一般的な暮らしを送れない人たちもいます。その中で特に極端だったのが私です。

就職してから今まで、ブラック職場地獄でもがき続けています。氷河期世代で転職も難しく、現状から逃げ出すためには、すべてを捨てて必死でお金を貯めるしかありませんでした。もちろん、今思えば別の解決法もあったはずですが、とにかく1億円を貯めていこうと本気で思い込んでいました。

20年以上ほぼこのために人生を費やしたので、お金の重みを誰よりもよく知っていると思っています。

1億円あったら、どうしたい？

昔、ここで言う「一般人」である友人と「1億円あったらどうするか」といったたわいもない話をする機会がありました。

彼いわく、

「1億円は大金だな〜。でも、4000万円で家を買って、車や家電も買って、海外旅行をしたら半分はなくなるな。あとは生活費や貯金に回して終わりだ」

とのことでした。

幸せな家庭生活や会社生活を送っている普通の人はこんなものでしょう。

一方、私が「1億円あったらどうする？」と聞かれたら……。

無駄遣いなど一切考えられません。まずは、「1億円あれば人生を180度変えられる。30年でも40年でも、できればすべての支配から逃れて好きなことを突き詰めてみたい」という感覚を持ちます。

そして、実現するための手段や方法を、具体的に計画していくでしょう。

1億円は生活の延長か？　人生の起爆剤か？

普通に生きていて銭ゲバでもなく、今の生活を変える必要もない人は、大金を目の前にしても現在の生活の延長で考えるのではないでしょうか。

そりゃ大金はほしいけど、1億円が手に入らなくても大した影響はない。真剣に使い道を考えるのは時間のムダ。だって別に満足している人生なのですから。ゆえに使い道には、漠然と金額の大きそうな「家」とか「車」とか「海外旅行」がひらめくわけです。とてもいいことです。これで問題なし。


しかし、私のようなブラック職場地獄の住人にとっては、いきなり4000万円を家の購入に充《あ》てることはありえないです。居住の快適性なんかよりも、4000万円の持つパワーを最大限利用して人生を変えたい。だって満足していないから。

たとえば、4000万円を1％で運用して年間40万円得るだけでも、会社にも誰にも一生頼らずに食費を確保できます。それだけでも自由になれる確率が上がり、そのうち地獄からはい上がれるかもしれません。

また、よく言われる株式の益利回り4％を前提にすれば、一気に人生を駆け上がれる金額かもしれません。

お金とは人生を変える（買える）パワーであり、八方ふさがりの状況を壊す起爆剤であり、地獄から身を守ってくれるファイアーウォール。

1億円という額には、十分にその力があるのです。

大きな貯金を達成するには、まずは1億円で人生をどう変えるのか、その解像度を上げることが大切なのです。

断言します。「ゼロで死ぬ」必要はありません

お金はあればあるほどよいものですが、ある程度まとまった金額が貯まって年齢を重ねてくると、別の悩みが出るものです。それは、「お金を残して死ぬのはもったいないのではないか」という悩みです。

言うまでもなくこれは、「お金が枯渇《こかつ》するかもしれない」という悩みよりずっと恵まれたものです。ですが60代、70代、80代……となるにつれ、こういった悩みを持つ人も増えるのだと思います。よく言われる「日本人は死ぬ時に一番たくさんお金を持っている」ということですね。

ましてや、早期リタイアを目指して若いうちから貯金に勤《いそ》しんだ人は無駄遣いも少なく、「お金を残して死ぬかもしれない悩み」に遭遇することは多いと思います。つまり、「貯金使えない病」。別名、「エリクサー症候群」です。

理想的なのは、寿命を迎える時に貯金がピッタリ0円になるように、計算をしながらお

金を使うことです。DIE WITH ZERO（ゼロで死ぬ）ですね。寿命がわからない以上、理想は完全にはかないそうにありませんが、それを狙いつつ計画的に消費生活を楽しむのは合理的な行動です。

とはいえ、何歳になっても将来の不安は尽きないもの。たとえば、

・想定した寿命より長生きしてしまったら、お金が足りなくなるのでは？
・突発的な災害や病気で、支出が増えたらどうしよう

といった悩みです。

こうやってヒヤヒヤしながら合理的支出生活を送って、心から楽しめるものなのでしょうか。用意していた老後資金をDIE WITH ZEROに向けつつ毎日ハッピーに暮らすのは、心配性な日本人の性格からしてなかなかハードルが高そうだと感じています。

他方、前述した「お金を残して死ぬ悩み」もあるわけです。

・せっかく貯めたうん千万円は、家族もいないし死んだら国庫にいってしまう

・大したつながりもない親戚に相続されるのが気に食わない
（でも想定した寿命より長生きしてしまったらどうしよう……）

こうして、挟み撃《う》ちのように、悩みがグルグルと行ったり来たりしてしまうのです。

「お金を残して死ぬ」はもったいなくない

では、どちらのほうが少しはマシなのか。それは、後者でしょう。

後期高齢者となって働くことが難しくなり、貯金が枯渇しても、そのころに生活保護や医療保健制度が維持されているとも限りません。これは、想像したくない未来です。

それに比べれば「あー！　若いうちにハワイに行っておけばよかった！」なんて、かわいい悩みです。

お金を残して死んでしまうかもしれない悩みは、致命的な状況を確実に避けたあとに発生するものですよね。賢明にリスクをヘッジしておいて「もっと大胆にいけばよかった……」は通りません。現在の安全な状況に感謝すべきでしょう。

もう1つの問題、気に食わないやつに自分のお金が渡るのがシャクだ、というのはもう仕方がありません。「気に食わないやつ」の最たるものは国庫かもしれませんが……。

そもそも自分が死んだ後の世界は、存在しないも同然です。あなたが観測しない世界は、語弊を恐れずに言うと存在していません。これを突き詰めると量子力学の観測問題とか複雑な哲学に行きついてしまいそうですが、難しいことは抜きにしても、存在していないと考えるのが妥当です。

だから、あなたが一生懸命働いて貯めたお金をまんまと相続して舌を出す者は、どこにもいません。いるとすれば、それはあなたの頭の中にいる妄想上の存在です。死んだらあとは野となれ山となれ、なので忘れてしまいましょう。**がんばって貯めたお金は死後の誰かが使うのではなく、やはり生きているあなたのためだけに存在する**のです。

では、使われなかったお金は一体何のために存在していたのか。何の便益ももたらさず、ただ完全にムダなものとして最後まで存在していたのでしょうか。

そうではないと思います。

単純に考えると、おそらく貯金—寿命—ムダのイメージは次ページの図1のようなものだと思います。これを、図2のように考えなおしてみましょう。そうすれば心は軽くなる

図1

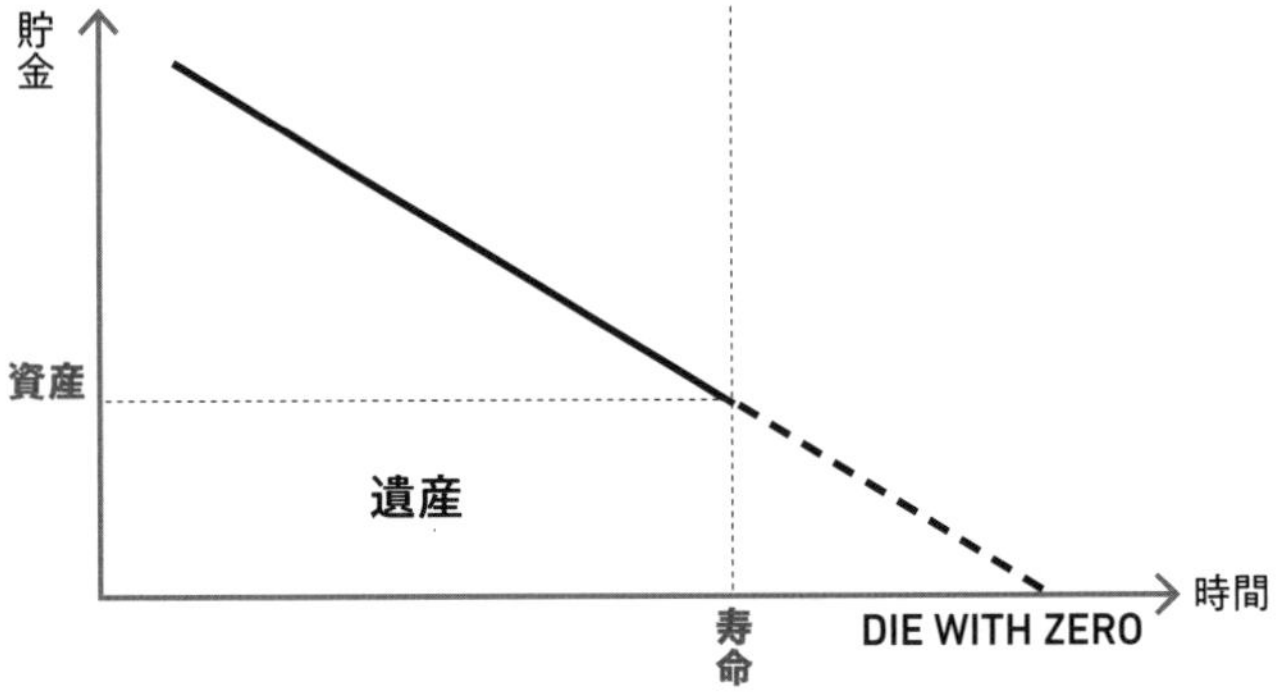
貯金
資産
遺産
時間
寿命
DIE WITH ZERO

図2

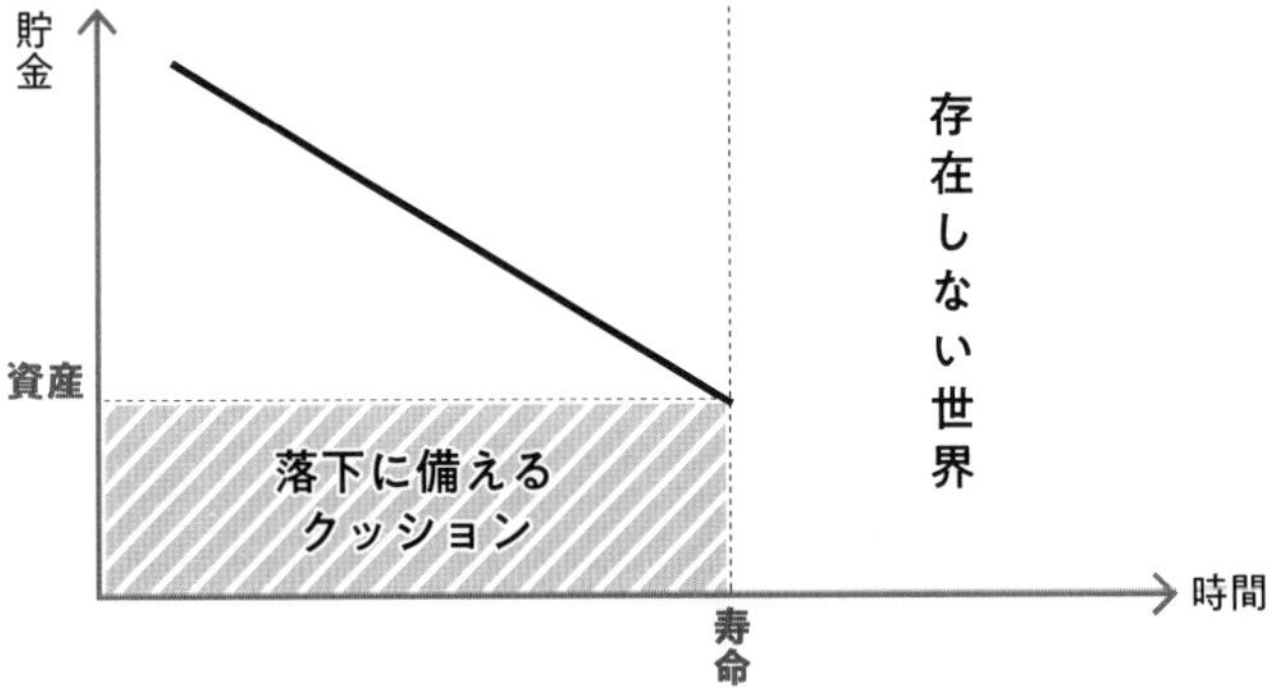
貯金
存在しない世界
資産
落下に備える
クッション
時間
寿命

のではないでしょうか。

すなわち、残されたお金は実はムダなものではなく、一生涯あなたを守り続けてくれたクッションなのです。

サーカスの綱渡りを考えてみてください。うまく渡れたからといって「クッションがムダだった」などと、誰が思うでしょうか。最低限の安全装置があるからこそ綱渡りができるし、綱の上をより自由に動けるわけです。

死ぬ間際に「あー！　クッションがあったおかげで、充実した人生だった」と思えるように自らの思考をコントロールしていったほうが、充実した暮らしを送れるのではないでしょうか。

繰り返しになりますが、クッションを設置しないからこそできる消費体験もあれば、クッションがあるからこそのびのびとできる体験もあるはずです。ちゃんと両者を認識したうえで、適切な資金計画と心持ちを準備することが大切なのです。

おそらく「死ぬ時に、過剰にお金を持っている人」は、39ページの図3のようになるでしょう。ここまでは考えないまでも、十分その意味を感じており、それゆえに過剰に資金を残してしまったのだと思います。

ご高齢者をはじめとして、現在はいろいろと揶揄《やゆ》されているタイプの人たちですが、心のうちを考えれば、こうした人たちが不合理とは限りません。本人があらゆる可能性を考慮した結果、この選択に納得していればよいのです。

結局のところ、すべては程度問題です。どうやってもDIE WITH ZEROを達成しえないようなお金は、さっさと使うのがよいのでしょう。

さて、このグラフの中で不確定な数値は寿命です。少なくとも図4のように「存在しないDIE WITH ZEROが存在する」程度に、貯金減少の傾きの調整と寿命の想定をするのが賢明でしょう。

実際には、かわいい子どもや孫にできるだけ多く資産を相続させたい、といったモチベーションもあるので簡単には言えませんが、一つの考え方として参考になれば幸いです。

図3

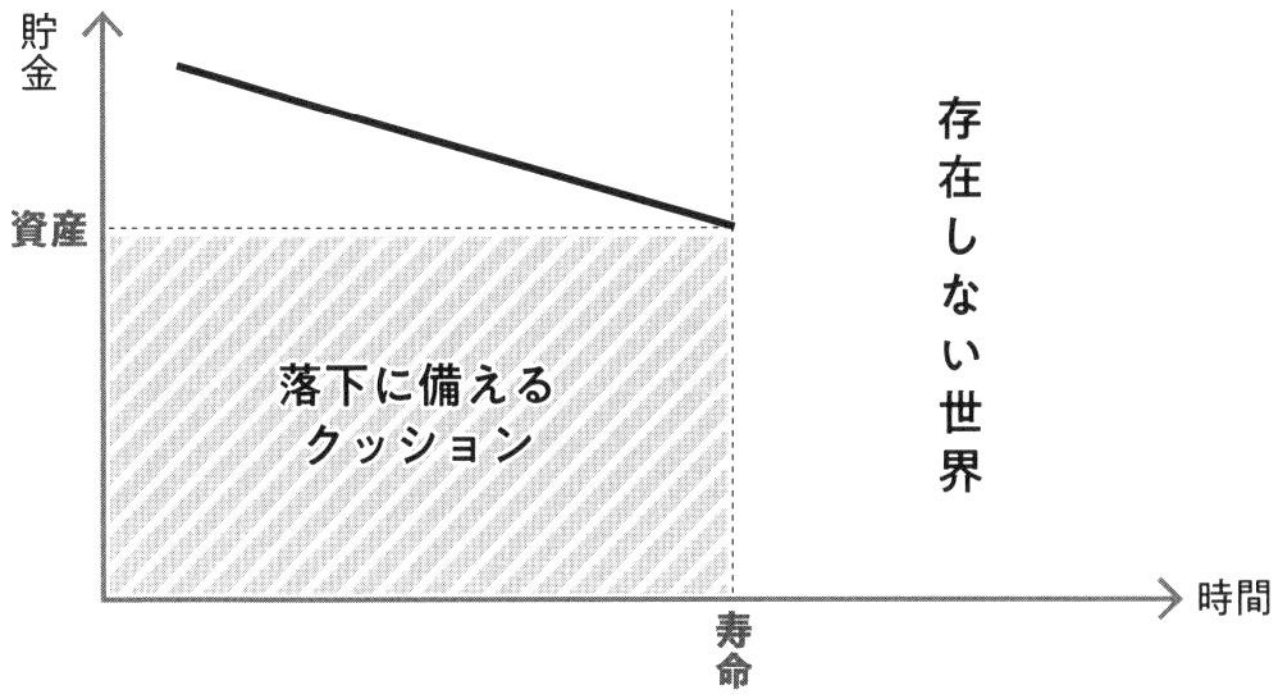
貯金
資産
落下に備える
クッション
存在しない世界
時間
寿命

図4

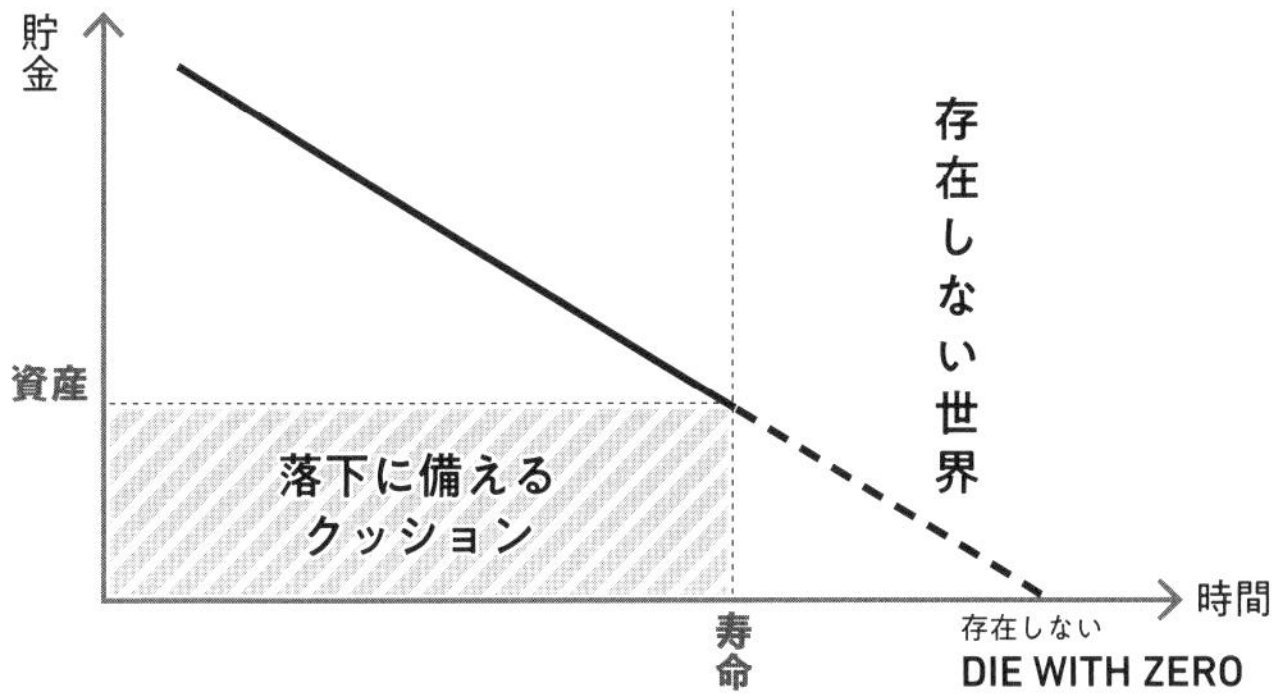
貯金
資産
落下に備える
クッション
存在しない世界
時間
寿命
存在しない
DIE WITH ZERO

貯金の力で「見え」や「羨望」から逃れよう

この世には非常に厄介なストレス源があります。それは、人と比較して自分がみじめになってしまうこと！

皆さんご存じの『ドラえもん』にはスネ夫という「マウンティング男子」が登場します。彼はひっきりなしに自慢しています。

「先日ハワイに行ったから上映会するわ」

「芸能人と別荘に行ったわ」

「最新のゲームを買ったから、お前ら呼んでやるわ。あ、でも3人用だからのび太は来なくていいわ」

スネ夫に対して猛烈に羨望《せんぼう》したのび太君はドラえもんに泣きつき、ひみつ道具で解決？　失敗？　するのがいつもの王道パターンです。

ところで、この作品はインターネット登場以前の世界観で描かれています。せいぜい、クラスに1人いるスネ夫が空き地で友達に自慢しているくらい。基本的には庶民層であるのび太、ジャイアン、しずかちゃんなどもその話を聞いて機嫌よく暮らしております。

また、例に出てきた「ハワイの上映会」は庶民にとって物珍しさもあり、自慢話とはいえ、その情報には目新しさや興味深さという価値があるわけです。ゲームについてものび太以外は実際に遊べる、皆のテリトリー内の話ですね。

誰もが疲弊する「一億総スネ夫時代」

では、現代のリアル社会はいかがなものでしょうか。

この10年ほどで「見え」「羨望」の切り口を強烈に変化させた技術があります。SNSです。各サービスが切磋琢磨《せっさたくま》を繰り返し、世の情報流通の中心となりました。

投稿内容はさまざまですが、用途の多くは他人に情報を即時に伝えることです。そのため、信ぴょう性や厳密性、権威性よりは、むしろ速報性や即時性が重視され、瞬間的に他人の注目を集めるような投稿が多いのです。

つまり、普段の何気ないことを投稿するより、極端な瞬間を切り取るほうが目的に適《かな》うわけですよね。

日本語には「今日はせっかくのハレの日だから……」という言い回しがありますが、民

図5

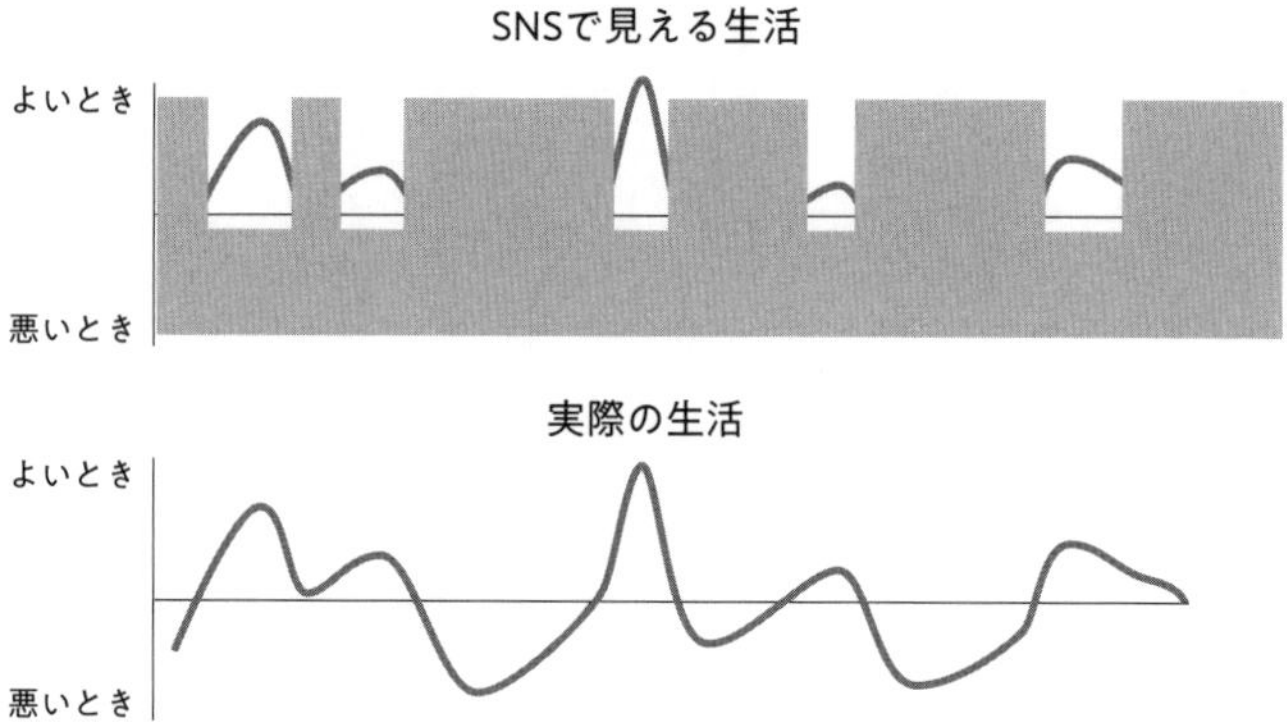

俗学では人々の生活は「ハレ」と「ケ」に分かれるそうです。ハレは非日常、ケはいつものつまらない日常。ハレは村祭りの日などに限られ、民衆は多くの時間をケで過ごします。村のコミュニティの所属者は、ハレとケの両方をともに過ごしていたわけです。

今、ＳＮＳに流れる情報はほとんどがハレと言っても過言ではありません。でも現実の生活は、老若男女にかかわらず、よいときも悪いときもあるものです。

しかしＳＮＳにおいては、注目を集めるためにハレだけが多く投稿されるため、どうしても図５のような認識に誘導されてしまいます。いいところだけが切り抜かれているんですね。

ＳＮＳは、いうなればスネ夫が２０００万人くらい集まった仮想空き地です。

仮に本人が自慢とまったく意識しなくても、たまに寿司を食べに行ったら大トロの写真を記念にアップしている人もいるでしょう。たまのハレの食事ですからね。それが他人には金持ち自慢に映り、さらなる自慢の競争がなされることも想像できます。一生に数度の大きな年収アップでも、やはりハレとして報告したいでしょう。

そう。あなたもスネ夫、私もスネ夫。今は**一億総スネ夫時代**です。

さらに悪いことには『ドラえもん』のスネ夫とは違って、仮想空間スネ夫が自慢する資源は聞き手に物理的に共有されていません。いくら羨望しても、ジャイアンは攻撃を仕掛けられず、奪い取れません。

おそらく「羨望」という原始的感情は、自然状態ならば資源奪取のモチベーションとなり、生存に有利に機能したのだと思います。だから進化の過程で今でも人間に残っているんでしょうね。

しかし現代の人間社会では、この感情は行き場を失っています。いくら羨《うらや》ましくてもそれを強奪すれば犯罪ですし、ましてやSNSであれば、強奪する手段自体がありません。そのため、おぞましい口げんかや叩き、自慢合戦が果てしなく続いていくわけです。

誰しも「こんなものに血道を上げても仕方がない」と思うはずです。とはいえ原因は感情論なので、なかなか解決は難しいですね。

資金力で自慢を受け流す

では、ここで仮に今、自分が1億円を持っていたらどうでしょうか。

スネ夫に、

「先日ワイハーに行ったから上映会するわ」

と言われても、正直、羨ましくも何ともありません。

手元に1億円があるので、ハワイに行こうと思えばいつでも行けるわけですよね。実際に行って張り合う必要はなく、**「行こうと思えば行ける」**という状況が余裕を生んでいるのが重要なところ。

「お金がもったいないから、私は今はハワイに行かないが、今後は行くかもしれないな。上映会は参考にさせてもらいます」。建設的にこう思うかもしれません。

このように、少なくとも金銭に由来する**「高価なことをしてます自慢」には抵抗することができる**わけです。これまで貯金が精神安定剤になり、つらい仕事の緩和効果があると書きましたが、この「**スネ夫緩和効果**」も大きなメリットの一つです。

実際に本書のタイトルの通り、私は僭越《せんえつ》ながらも1億円を持っているのですが、確かにハワイや高級車、マンション自慢にはまったく何も思いません。もちろん私はハワイには行ったことがなく、高級車もマンションも持っていません。相変わらずボロアパートとボロ車で生活しています。

何も持っていないのですけれど、これは一応「選択的に何も持っていない」と言えるわけです。だから悔《くや》しさがないんですね。

果てなき自慢の軍拡競争から一線を画すためにあえて貯金を目指すのも、いいモチベーションの一つと言えます。

どこの誰とも知らない人の投稿に一喜一憂し、目くじらを立ててインターネット上でけんかを繰り広げるくらいなら、建設的に貯金してみてはいかがでしょうか。

要注意。1億円が通用しない嫉妬

ただし！　1億円あっても「幸せ結婚生活自慢」や「仕事充実してます自慢」など異なる分野には当然無力です。お金を貯めてもお金以外のマウンティングには効き目がありません。

「今日は妻の作ったオムライス。娘もご満悦。幸せです……」みたいなのには絶対に精神的に抵抗できません。

「お前だって夫婦ゲンカしたりするだろ！　娘が反抗期で普段はぞんざいな口をきかれてるだろ！」などと憤慨する独身者や、家庭がうまくいっていない既婚者もいるはずです。

でも、いくらむしゃくしゃするからといって、SNSで幸せなパパを攻撃してはいけませんよ。先ほど言ったように、この幸せ家族はあなたと物理的に資源共有していません。攻撃して奪い取るチャンスもありませんし、そもそもやっちゃいけません。

ましてやその家庭の実態など、観測することは不可能です。観測できないものは存在しません。すなわち意味のない妄想と戦っているだけのこと。

これを解決するには、独身者なら結婚して家庭を持つ、既婚者なら自らの家庭を幸せな状態に改善する、といった具体的活動で現実資源を拡大していくのが一番でしょう。貯金を積み上げるのとまったく同じように、現実に幸せを積み上げるしかありません。

それが無理なら「あえて結婚しない男」として超然としていましょう。たとえ空《から》威張りでも、です。

さて、ここで最悪なのは、問題をすり替えて自慢合戦に参戦することです。いくら幸せな家庭がうらやましいからって、

「妻のオムライス？　貧乏くさいな！　俺は1億あるぞ！」

などと張り合うのは最も避けるべきですよ。

逆もまたしかりです。

「貯金1億円？　寂しい人生だな。独身の死亡年齢中央値は67歳なんだってな。（笑）」

これもダメです。アホです！　戦うフィールドがそもそも違います。

囲碁で劣勢に立たされたときに、盤上に飛車を打ち込んで勝てますか？

反則負けですよね。土俵が全然違いますし、あとで余計にみじめになります。カオスなSNSマウンティング界隈《かいわい》でも、さすがにこれは悪手というものでしょう。

「羨望」を回避するために貯金が有効とは言いましたが、それはあくまで金銭にまつわる

世界のことです。もし貯金に成功しても、それを拡大解釈せず、かといって縮小解釈で卑屈にもならず、必要十分にマウンティング抵抗効果を発現させましょう。

お金や感情をうまく制御しながら、世の争いごとと距離をとっていきましょう！

みるみるお金が貯まる「蓄財マインド」の築き方

世の中には、貯金ができなくて悩んでいる方が大勢いると思います。給料は上がらないのに物価だけが上昇していき、老後には2000万円が必要だと脅《おど》され……。「何とか貯金しなければ」と危機感はありつつも、ついついお金を使ってしまうわけですよね。

私の場合は「ブラック企業からの逃亡」という非常に強い貯金モチベーションがあったので、すべての思考や行動が自然と蓄財に最適化されていきました。というより、ちょっと極端すぎる貯金体質になってしまったわけです。

私はエリートではないし収入が高いわけでもなく、特別に何かが秀でているわけでもありません。お金などというものは、結局心持ち一つで「貯まる」か「貯まらない」かが違ってくるのです。

では、貯金ができる人と貯金ができない人は、一体何が違うのでしょうか？　節約が続けられるマインドとは、一体どういうものなのでしょうか？

世の中には数々の節約法が紹介されていますが、土台となる思考やマインドそして「気合」が確立していなければあまり意味がありません。

たとえば、代表的な節約法として「格安スマホに乗り換えよう！」と紹介されることが多いですよね。最近は大手キャリアでも格安プランが出ており、変更すれば月４０００円くらいは支出を削減でき、年間５万円、10年で50万円も違ってきます。これはかなり大きいですし、普通は最初にやるべきことでしょうね。

しかし！　ちゃんと節約マインドが固まっていないと「浮いた４０００円で寿司食いに行こうっと！」となるに決まっています。携帯で浮いた４０００円と、これから食べる寿司セットの４０００円にはまったく関連性がないのに、なぜかそれらを脳内で結び付けて収入と支出を相殺してしまうのです。

穴の開いたバケツに水を入れても意味はありません。やはり先に、頭の中の構造を整理する必要があるでしょう。

あなたはなぜ、お金を増やしたいのか？

節約や貯金に限った話ではありませんが、しっかりとした目的がないと具体的行動に力が入るはずがありません。ここでは、その実例を一つ紹介します。

私はたまに知人から投資アドバイスを求められるのですが、そのほとんどは目的が漠然としています。

知人「何か投資でお金を増やしたいんだ。お前くわしいよね?」
私「どのくらいお金を増やしたいの?」
知人「ん〜。銀行に預けていても、お金って増えないでしょ〜。それよりよければ」
私「ならばこのポイ活(ポイントをうまく貯め、活用すること)で○○を××すれば……。毎年1万円ほどにはなるよ」

彼には、銀行普通預金金利(日本の場合、0・001%程度)で年間1万円を得られるほどの運用資産はありません。よって、このポイ活で銀行金利越えという目的はあっさり達成するはず。しかも、ノーリスク。これは我ながら、100点満点の回答のはずです。

しかし……。彼はどこか不満げ。「俺が聞いているのはそれじゃないだろうが!」という顔です。

彼の本意はおそらく、「投資が流行っているから、自分もやって小遣いがほしい！」といった漠然としたものだったのでしょう。だから「何円くらい増やしたい」「何％くらい増やしたい」という具体的な数値目標がもともとないのです。

そこに私が具体的金額を聞いたものだから、これまたどこかの誰かが言っていた「銀行預金は増えないから投資しよう！」という宣伝文句の記憶を、とっさに引用したものだと思われます。だから私の満額回答でも、なにか不満げな顔になってしまったんですね。

このボタンの掛け違いが発生した原因は明らかです。「投資が流行っているから、自分も参加して小遣いがほしい！」という漠然さですね。

・なぜ投資で稼ぎたいのか
・会社を早期退職できるＦＩＲＥ資金がほしいのか、月数千円の小遣いがほしいのか
・その小遣いで具体的に何を買いたいのか
・その「買いたいもの」は本当にほしいものか。代替品ではダメか
・投下できる資金はどれだけあるか
・どのくらいのリスクまで許容できるのか　……etc.

この辺りをきっちりと詰めて目標利回りを設定しなければ、最善手は探せません。「今年中にどうしても3倍に増やしたい！」となれば過大なリスクを負ってでも信用取引するしかないし、銀行預金以上ということであればその辺のポイ活で充分です。

そもそも本気でＦＩＲＥしたいのか？

また、軽視されがちな「そもそも論」も十分考慮すべきです。具体的には先述のうち、

・その小遣いで具体的に何を買いたいのか
・その「買いたいもの」は本当にほしいものか。代替品ではダメか

の部分。この究極が何千万円や1億円といったＦＩＲＥ資金でしょう。普通の人がＦＩＲＥ資金を手に入れるには、人生や生活をそうとうねじ曲げる必要が出てきます。ＦＩＲＥが流行して久しいですが、「そもそも論」として自分は本当にＦＩＲＥがしたいのか。それはなぜか。そこから深く深く考えていかねばなりません。

昨今はパワハラや過重労働、会社における強要行為には厳しい目が向けられており、労

働環境は改善しているのです。昔あった地獄のような労働は明らかに減っています。ならば、多少の不満はあったとしても、安定したホワイト会社人として定年まで働くことで満足できないか。目標設定以前の問題として、目標の必要性もまじめに考えていくべきでしょう。わざわざ節約修行や投資戦争に身を投じなくても済むかもしれません。

戦争にたとえれば、これは外交的解決です。**ぼんやりとした「お金ほしいなぁ～」「会社ダリーなー」くらいの思いなら、そもそも修羅の道を進む必要すらありません。**

しかし、「それでも私は○○歳までに○○万円が絶対に必要だ！　なぜなら、そのお金がなければ××が達成できないからだ！　私は死んでしまうかもしれない！」という強い思いがあるのなら、具体的な蓄財計画を詰めていきましょう。

月の支出、将来の定期収入の見込みを算出。そこから、運用の目標年利を割り出し、うまくいけば○年後に○○万円貯まって目標達成。年利でむちゃをするなら、損失が出ることも想定し、ゴールは○年間延びるだろう、と落とし込んで、具体的な行動に移すのです。

目標は「順調すぎる」ときこそ真価を発揮する

目標をしっかりと定めると、進捗がよすぎたときに、自らをしっかり管理するためにも役立ちます。悪いときではなく、「いいとき」です。

たとえば、年利2％の運用を目標にしていたが、株が好調で10％も儲《もう》かったとしましょう。もちろんケースバイケースですが、この余剰金は目標を達成するためのリスクや、不確定要素を減らすために使うべきだと思います。

たとえば、翌年の目標金利を1・8％に下げ、無リスク資産比率を高める、といったことです。**偶然儲かったものなのだから、その使途は当然、逆の偶然の損失をキャンセルするために使って、焦らず目標達成をより確実にすべき**だからです。

でも、しっかりした目標値がないと「なんだ！　10％でいけるじゃん！」と上方修正してイケイケドンドンになってしまいます。戦略の破たんはこういう気の緩みから起こりうるものなんです。

確実に進むためにも、しっかりと目標を立てましょう。

貯金スピードを加速させる「節約マインドセット」

次に節約マインドについて、一つ例示をしながらお伝えしていきたいと思います。

節約マインドの有無とは、端的に言うと次のＡさんとＢさんの違いにあります。

Ａさん「この車買ったよ。いくらだと思う？　５００万円だぜ。すごいだろ」
Ｂさん「この車買ったよ。いくらだと思う？　５万円だぜ。すごいだろ」

両者の車とも、エンジンが付いていてタイヤは４つあり、「走る」という基本的な性能にはほとんど差がないとします。ですが、自慢するポイントは正反対です。

まず、Ａさんが自慢しているものは何なのでしょう？　車のデザインや輝きでしょうか？　それもあるとは思いますが、彼が本質的に誇示しているものは「５００万円の車を購入できる自身の『財力』」なのです。そう、彼は本心では財力や年収を自慢したいのです。

しかし「私は５００万円の車を買えるほどの財力があるぞ。すごくいい仕事にも就《つ》いているんだ。本当だよ。ほら」と、通帳を見せるのはあまりにも露骨ですよね。だから意識的にせよ無意識的にせよ、財産をわざわざ割高な車に変換させて、せっせと周囲の人にシグナルを送っているわけです。

私なんかは「こんな高い車がなんで売れるの!?」と思うのですが、要はシグナルなので高いほどよい、というわけです。

これは別に車でなくても構いません。SNSに日々アップされる高級ホテル、レストランの写真や料理でも同じことです。車そのもの、ホテルそのもの、料理そのものというよりはむしろ、それらにアクセスできる「自己」が誇らしい。

この気持ちを別の言葉で表現すると「見え」です。

見えは捨てよ。合理性を取れ

では、Bさんが自慢しているものは何なのでしょうか。「俺は5万円の車しか買えないほど貧乏だぞ。すごいだろ!」という意味ではもちろんありません。

彼が自慢しているのは「ちゃんと走る5万円の安い車を探し出せる『能力』」です。こちらも別に車でなくても構いません。「無料クーポンでこんなにたくさんのお菓子をもらったよ！」「格安携帯、月290円で使っています！」といったSNSの書き込みもたくさんありますね。それと一緒です。

そしてその能力のうち、最も重要なものは**「合理的」**という性質です。ムダを排除し、高効率で消費活動を行うスタイルそのものがBさんの誇りです。一見貧《まず》しくて恥ずかしい生活にも見えるのですが、Bさん自身は意外とそれを気に入っているのです。

Aさんの「見え」とBさんの「合理性」は対極にあります。Aさんが5万円の車に乗ったら「こんなみすぼらしい車は恥ずかしい……」と思うでしょう。

逆にBさんが500万円の車を買わされたら、乗るたびに心を削られるはずです。「ああ、不合理な支出をしてしまった……。1㎞あたり、いくらのコストがかかっているんだ……。レンタカーのほうがましだ……」と。

貯金のお話に戻ります。**大きく貯金できるのはどちらでしょうか？**

ご想像の通り、当然Bさんですよね。私もそのタイプです。すなわち、**お金を貯める極意は、「見えを捨て、合理性を取る」という姿勢**。さらに言えば、合理性を心地よいと感じられる感性を磨くことです。

古くから「花より団子《だんご》」とも言われていますよね。合理的なほうがかっこいい、不合理な見えなど見た目だけだ、ムダだ！　ゴミだ！　と思えるようになればお金はおのずと貯まっていくでしょう。

「価値」と「価格」の違い

もう一つ、節約マインドで重要な視点は「価値」と「価格」の認識です。言葉は似ているけれど全然違うものなのです。

Aさんは、最初に５００万円という「価格」に注目して自慢しています。

「価格が５００万円もする車だから、きっとそれに応じた価値もあるに違いない。みんなもきっとそう思ってくれるぞ。よし、買おう」、こんな順番で考えているわけです。

しかしこれは、自身の価値判断を、値付けした売り手に丸投げしているとも言えます。

一方のBさんは最初に車の「価値」に着目します。「（この車はちゃんと走りそうだ。ボロいけど安全性もまあ大丈夫だろう。壊れているところも見当たらないね。これが10万円か！　すごく得だな。よし、買おう）これ、何とか5万円になりませんか？」。そして購入に至ります。

両者の姿勢の違いは大きいです。

高い食べ物がおいしいのではなくて、おいしい食べ物がおいしいのです。勘違いしてはいけません。それが安ければなおよしです。間違っても値札を食べるような行為は慎みましょう。

もちろん人間は誰しも価格を見るとバイアスがかかり、Aさん側の思考に流れるのは仕方ないのですが……。常に「価値」を意識して暮らせば無駄金の支出も減ります。

ただし！　Bさんや私は、Aさんよりお金が貯まるものの、その分幸せだとは限りません。Aさんは確かに見えっ張りです。無駄遣いも多いです。ですが、高価なものを買って人に賞賛を受け、投じたお金に応じて幸福感を得るという行為は、一つの合理的な幸福追求行為だとも言えなくはありません。

500万円の車を買おうが、1泊10万円のホテルに泊まろうが、これらの行動はすべて承認欲求の充足というリターンを合理的に見積もった結果なのかもしれません。

Aさんを否定する根拠もまた、どこにもないのです。

私が述べたのはあくまで貯金の多寡の話であり、幸せの多寡の話ではないことにご留意ください。

私は典型的なBさんタイプとして最大限合理的な貯蓄を目指し、1億円を貯めました。

家族もおらず相変わらずの節約体質ですから、もうお金に大きく困ることはないのかもしれません。

しかし、これが幸福の最大化に結び付いているかは、依然として疑問です。

お金は健康に次ぐ人生の大問題であります。そして、お金が貯まりきった今、逆に「自分の人生、とんでもない間違いを犯してしまったのでは？」と思うことすらあります。

人生、何が正しいのかは最後までよくわかりません。

貯金を最大化するために知っておきたい「買う、買わない」の絶対基準

効果的に節約して貯金を最大化させるには、常に**論理的に、数字でコスパを把握すること**も大切です。

たとえば「1万円の料理で得られる幸福感と、500円の料理で得られる幸福感とを比べて、前者が後者の20倍あるのか？」を意識してみましょう。

他にも、ビジネスクラスとエコノミークラスの差額が10万円、フライトが10時間とすれば、「エコノミー席に座る仕事＝時給1万円」というとんでもなく儲かる仕事とも考えら

れます。

常に数理的な視点があれば、おのずと無駄遣いはしなくなっていきます。**あるとき支出をするときに「それはどのような効果や効能をもたらすか」「代替品では機能しないのか」と意識し続けることが大事なのです**。

買い物はすべて、投資のようなものです。感情に任せて買う前に、第三者的視点で検討するべき、とも言えるでしょう。

これとは逆のパターンも、もちろんあります。まめにコンセントを抜いて待機電力を減らす、といったことはあまり効果的とは思いません。労力に対して、明らかに節約される金額が小さすぎるからです。**不採算節約事業はバッサリと切る**、これもまた大切です。でなければ、疲れ果ててしまいますから。

他言無用の超高級ホテルに泊まりたいか？

ところで、見えやマウンティングのために発生するコスト一式。これは一体、いくらなのでしょうか。

1泊5万円や10万円のホテルに泊まったとします。これがもし、宿泊した事実を絶対他人に言ってはならず、口外したら刑務所で無期懲役……だと思考実験してみてください。**「それなら、泊まらなくてもいいや」となるならば、それはムダな出費です**。でも、自分が、もしくは家族が、「幸福を感じるからそれでもやっぱり泊まりたい」と言えるならばムダではありません。高価な食事やブランド品でも同じでしょう。

ただ、承認欲求自体が自己完結するレクリエーションであるとももとらえられますし、そのケースでは必ずしもムダとは言えないと思います。

とにかく、**大きな出費をするときは、自分自身の感情をなるべく外から冷静に見るように心がけましょう**。一度ブレーキを踏めば、不必要な出費は避けられます。

99%失敗しない「貯金プラン」の立て方

「授人以魚 不如授人以漁」、すなわち「魚を与えるか、魚の釣り方を教えるか」という格言があります。比較的大金を長期の視点で扱うときでも、刹那《せつな》的なアドバイスをする人は多いです。


「○○の株価は必ず上がる」

「AをBしてCすればポイントが稼げる」

「この商材を読んでマネをすれば……」


といった直接的、具体的なものです。手っ取り早そうですね。

しかし、大金を正しく扱うためには、どうしても基礎的な数学の知識が必須となってきます。数学なんてとてもつまらなそうなのですが、まさにここが「魚の釣り方」なのです。

といっても私は数学者ではないし、簡単な計算のお話です。

貯金の超・基本公式

まずは、おそらくすべての貯金本に書かれている、有名な貯金式から始めましょう。

貯蓄額＝（収入－支出）×利回り

ここで一番ややこしいのが利回りですね。もしも利回りが常に1、すなわち運用というものが存在しないならば、貯金計画などとても簡単なことです。こうなります。

貯蓄額＝収入－支出

毎年１００万円貯金したら30年後は、資産３０００万円です。５０００万円を毎年２５０万円ずつ使ったら、20年持ちます。月の収入が30万円、支出が25万円だとして、1年後にいくら貯まるでしょうか。60万円です。

これは単なる足し算引き算、掛け算と割り算であり、お小遣いのゆくえを考える小学生でもやっている算数の計算です。これができない人はいませんね。もしできないなら、大金を貯める前に絶対に学び直しが必要です。でないと、いつかだまされてしまいますからね。

しかし、利回りの力を借りずに大きな資産を築くのは、事実上困難です。望む、望まないにかかわらず、ある程度の運用利回りを出す方法を考え、投資をする必要があります。

ここからは、年利４％という割合で、毎年資金が自己増殖する仮定で話を進めます。「なんで４％なのか」「その仮定は正しいか」「そもそも金利とは何なのか？」といった深遠な問いを書き出すとキリがありません。とりあえず４％です。本当に正しいのかは知りませんが、選定理由は「世間のみんなが言っているから」です。

絶対仕事辞めるマン流、ざっくりわかる金利の基礎

さて、仮に利回りが年利４％という数値に固定され、未来永劫《えいごう》変化しないのであれば、金融や経済とは関係のない、純然たる数学上の問題となります。

ここを勘違いしているＦＩＲＥ指南もあるのですが、金融や経済の文脈で論じるべきなのは金利そのものの見積もりやそのブレの予想であって、数値を最初から決め打ちすれ

ば、あとは計算で確定的に決まるだけです。ＦＩＲＥ論ですらありません。ここは、そういった数値の世界の話。

とはいえ、さほど大げさな話ではありません。たとえば手元に１００万円あって年利４％で10年間増やすなら図６のようになります。このように、１年ごとに１・０４を掛け算するだけです。年数が経過するごとに元手が増えていくので、お金が雪だるま式に加速して増えていくわけですね。

図６ 100万円の元手を年利４％で殖やすと……

０年目	1,000,000円
１年目	1,040,000円
２年目	1,081,600円
３年目	1,124,864円
４年目	1,169,859円
５年目	1,216,653円
６年目	1,265,319円
７年目	1,315,932円
８年目	1,368,569円
９年目	1,423,312円
10年目	1,480,244円

こういった計算の話になると、途端にさじを投げてしまう人もいます。しかし「私は文系だから」「数学の成績は2だったから……」などと言い訳するのはやめましょう。高校3年間を文系クラスで過ごしたから、なんだというのですか。卒業後にその何倍もの人生を過ごしているのではないですか。これからも長い時間を過ごすでしょう。

イヤな感じのことを書いてしまったかもしれませんが、その長い人生で、金利の計算くらいは自分でできるようになったほうが絶対にいいのです。

しっかり計算できれば、異常な高利回りをうたう怪しげな商材にだまされなくなりますし、数学上の話と現実のギャップも見えてきます。そうすると、いかに世間に机上の空論が多いかわかってきます。

精密にオーダーメイドで自らの貯金計画やＦＩＲＥ計画を調整できるのが理想でしょう。

年利計算に便利な「関数電卓の話」

そうは言っても、いちいち電卓で計算しなければならないわけではありません。金利についての概念さえわかっていれば、今の時代、いくらでも便利なツールがあるのです。

一つには、関数電卓。画像はご存じ、iPhoneの計算機です。意外と知られていませんが、スマホ本体を横に傾けると、関数電卓になります。

一見すると「ごちゃごちゃと変なボタンが増えた」といったところでしょう。それはおおむね正しいです。偉そうに書いている私も、一生使う機会がないボタンばかりです。

銭を集める使命を背負ったＦＩＲＥ修行僧に必要なボタンは、たった２つ。線で囲って

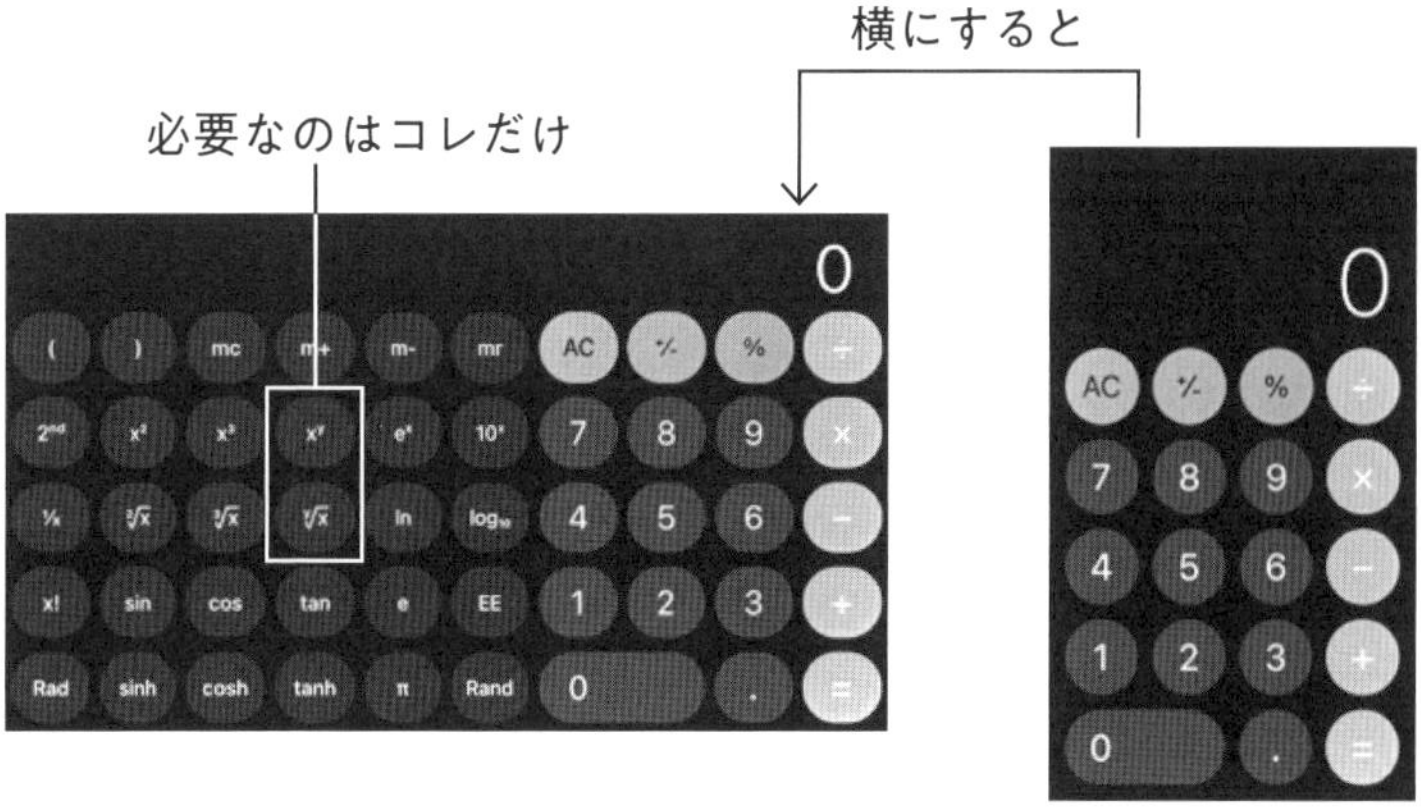

いる「X^y（xのy乗）」と「$\sqrt[y]{x}$（xのy乗根）」です。

先ほど「手元に100万円あって年利4％で10年間増やすなら」という例をお話ししました。普通の電卓だと、100万かける1・04かける1・04かける……をひたすら繰り返しポチポチすることになるのですが、関数電卓だったら簡単です。

10年の場合、順番に「1・04」→「X^y」→「10」→「＝」。これで、約148万円です。50年でも100年でも自由自在に計算できてしまうわけです。これでかなりハードルが下がりますね。

逆の計算も簡単です。

【問】資金を20年で3倍に増やすには、年利何％が必要か？

これは3の20乗根を求めることになるのですが、ややこしいことを勉強しなくても大丈夫。順番に「3」（倍）→「$\sqrt[y]{x}$」→「20」（年）→「=」を押します。結果は、1・0564……＝年利5・64％になります。

手元にiPhoneがある方は、ぜひお試しください。こういった数字をパッと算出できるだけで、銭勘定のスムーズさが全然違ってくるのでおすすめです。

詳細なシミュレーションには「エクセルのゴールシーク機能」

もう一つ、貯金シミュレーションに役に立つ、エクセルの「ゴールシーク機能」を紹介します。仕事で使っている方もいるのではないでしょうか。この機能は、計算結果を先に定めて、その結果が出るように計算過程の数値を逆算してくれます。貯金の条件を次のように設定したとしましょう。

・毎年初めに100万円の入金がある
・毎年手元にあるお金は年利X％で増える
・X％の金利で増えた分のお金も翌年の初めに元本に繰り入れられる

・これを10年繰り返す

【問】 10年後に3000万円貯めるには年利は何%でなければならないか?

こんな問題、手計算や数式で解くのは面倒で、関数電卓だけではうまくできません。毎年の定期入金があるからです。

こういったときは、まずこの資金の動きをエクセルに打ち込んでしまうのです。それからゴールシークをすれば一発でわかります。というわけで、まずは資金の流れを打ち込むと72ページの表のようになりました。Xはまだわからないので、とりあえず5%と入力しておきます。最初に計算シートを作るわけですね。

同じ表を見てください。①去年からの繰越金に②毎年の年初入金100万円を足したものが①+②の年初総財産となります。その年初総財産に対して年利X%(ここではとりあえず5%)をかけます。なので、年末の総財産は105万円。

2年目では(105万+新規の100万)×5%=10万2500円が運用益として積みあがります。それが足される3年目の年初は215万2500円。これを延々と繰り返

	A	B	C	D	E	F
1						
2				X%		
3				0.05		
4						
5			① 去年からの 繰越金	② 年初入金	①+② 年初総財産	X%×(①+②) 運用益
6		1年目	0	1,000,000	1,000,000	50,000
7		2年目	1,050,000	1,000,000	2,050,000	102,500
8		3年目	2,152,500	1,000,000	3,152,500	157,625
9		4年目	3,310,125	1,000,000	4,310,125	215,506
10		5年目	4,525,631	1,000,000	5,525,631	276,282
11		6年目	5,801,913	1,000,000	6,801,913	340,096
12		7年目	7,142,008	1,000,000	8,142,008	407,100
13		8年目	8,549,109	1,000,000	9,549,109	477,455
14		9年目	10,026,564	1,000,000	11,026,564	551,328
15		10年目	11,577,893	1,000,000	12,577,893	628,895
16		11年目	13,206,787			

しています。

このとき、ほかのセルの数値をもとに参照で計算する形にする必要があるので、実際はこんな感じで打ち込まれています（73ページ上図）。

さて、10年を経て11年目の年初の財産はC16セルの1320万6787円となっていますね（上図）。これはXを適当に5％に定めたときの答えです。

知りたいのは10年経過後に3000万円となる年利ですから、Xをいろいろ変えて、C16セルがピッタリ3000万円になるように調整しなければなりません。かといって、手作業でD3セルをいろいろと試すのも大変です。

ここで使うのがゴールシーク。

	A	B	C	D	E	F
1						
2				X%		
3				0.05		
4						
5			① 去年からの 繰越金	② 年初入金	①+② 年初総財産	X%×(①+②) 運用益
6		1年目	0	1000000	=C6+D6	=$D$3*(C6+D6)
7		2年目	=E6+F6	=$D$6	=C7+D7	=$D$3*(C7+D7)
8		3年目	=E7+F7	=$D$6	=C8+D8	=$D$3*(C8+D8)
9		4年目	=E8+F8	=$D$6	=C9+D9	=$D$3*(C9+D9)
10		5年目	=E9+F9	=$D$6	=C10+D10	=$D$3*(C10+D10)
11		6年目	=E10+F10	=$D$6	=C11+D11	=$D$3*(C11+D11)
12		7年目	=E11+F11	=$D$6	=C12+D12	=$D$3*(C12+D12)
13		8年目	=E12+F12	=$D$6	=C13+D13	=$D$3*(C13+D13)
14		9年目	=E13+F13	=$D$6	=C14+D14	=$D$3*(C14+D14)
15		10年目	=E14+F14	=$D$6	=C15+D15	=$D$3*(C15+D15)
16		11年目	=E15+F15			

「データ」タブの「What-If分析」というところに隠れています。このボタンを押すと、新しいウインドウが出てきます（75ページ①）。

C16セルを3000万円に変えたいので、「数式入力セル」をC16、「目標値」へ30000000と入れます。「変化させるセル」は、D3セルです（同②）。これでOKを押すと、いきなり答えが出ます。

というわけで、3000万円ほしいときの年利回りは約19・3％であるとわかりました（同③）。

「うーん、この利回りは現実的じゃない！リスクも高い！」となれば2500万円で再度試算することもできます。すると、

16・2%でした！　いやー、実に便利ですね。

応用すれば、年利5%は確定事項として、年間積み立て額のほうを変化させることもできます。このようにしっかりと数値で把握しながらシミュレーションすると、どうやら冒頭の計画は無謀なものだったことがわかりました。どんぶり勘定ではなかなか見えにくいことも、ちょっとしたツールで明確になります。

なおここまでの計算は、エクセルのFV関数（Future Value）でも代替できます。ただこの関数は、途中で1年だけ突発な入金を計上したり、○年後以降の利率を変更したりはできません。やはり人生の変化などを考慮しつつ、経時的な資金の流れを把握するには、シート上にすべて一覧的に打ち込んでしまうのがいいでしょう。

「エクセルになじみがなく、難しくてうまく表が作れそうにない」という方も安心してください。私が代わりにすべて計算しておきました。その結果をわかりやすくグラフにまとめているので、76ページ以降を読み進めてみてください。

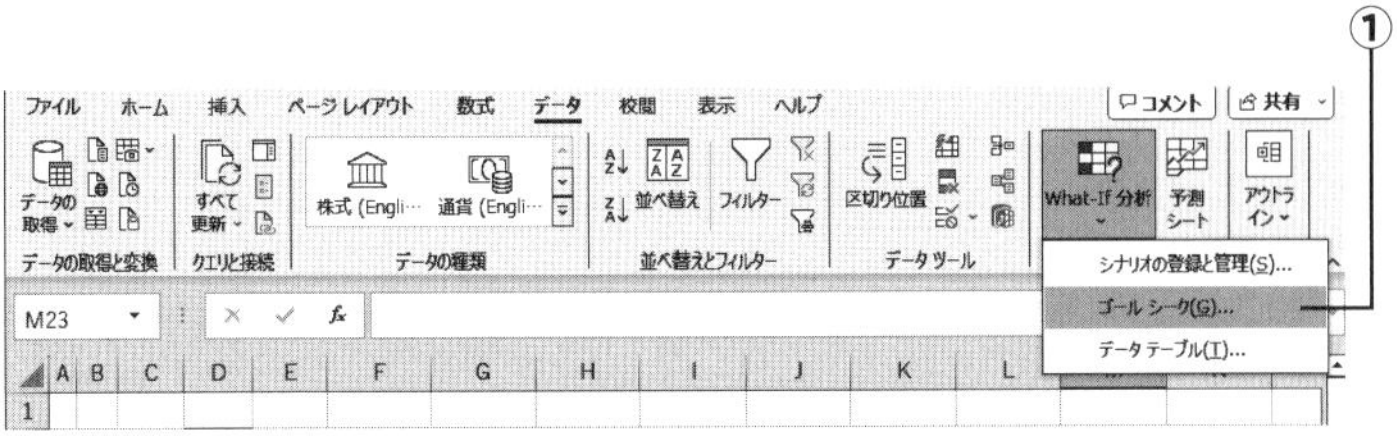

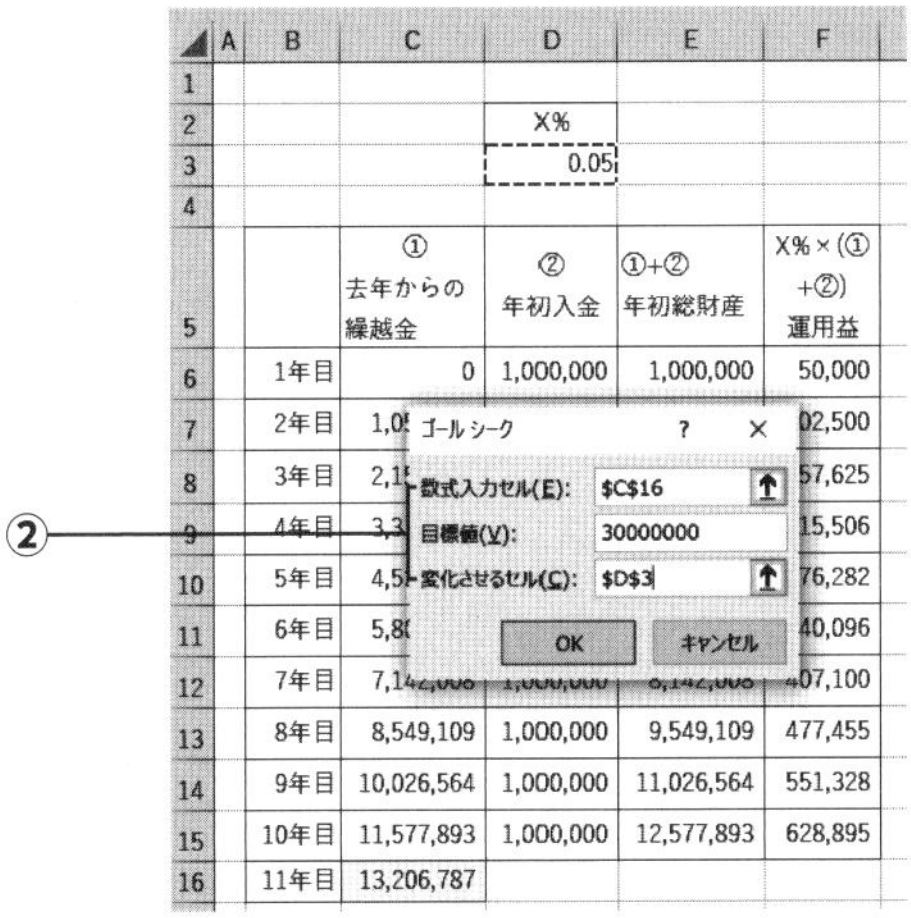

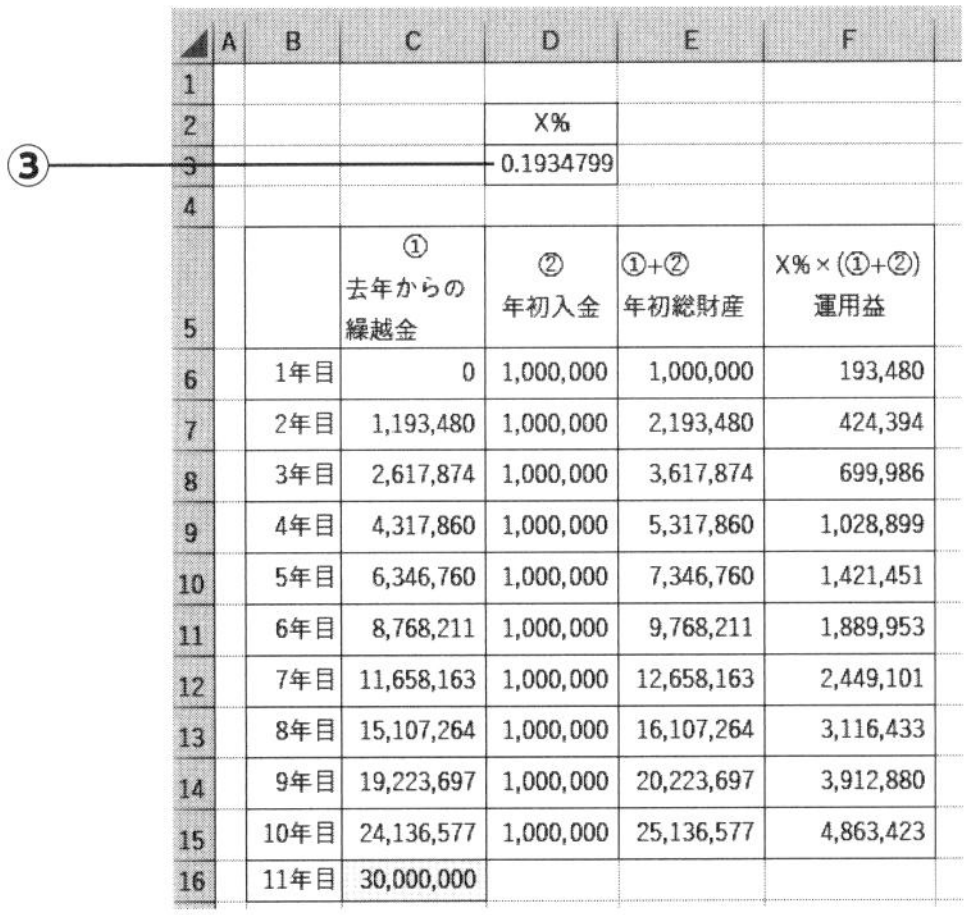

	①去年からの繰越金	②年初入金	①+②年初総財産	X%×(①+②)運用益
1年目	0	1,000,000	1,000,000	193,480
2年目	1,193,480	1,000,000	2,193,480	424,394
3年目	2,617,874	1,000,000	3,617,874	699,986
4年目	4,317,860	1,000,000	5,317,860	1,028,899
5年目	6,346,760	1,000,000	7,346,760	1,421,451
6年目	8,768,211	1,000,000	9,768,211	1,889,953
7年目	11,658,163	1,000,000	12,658,163	2,449,101
8年目	15,107,264	1,000,000	16,107,264	3,116,433
9年目	19,223,697	1,000,000	20,223,697	3,912,880
10年目	24,136,577	1,000,000	25,136,577	4,863,423
11年目	30,000,000			

最適なＦＩＲＥプランがひと目でわかる！「逃げきり計算グラフ」

さて、各人にとって最適なリタイア資金の蓄財計画や支出計画は、自らが緻密《ちみつ》に計算するのが一番です。そのとき、早見表のようなものがあると便利ですよね。

人によって生活の状況は異なるのだから、「老後に必要な資金は２０００万円」と言われても、贅沢な人なら５０００万円かもしれないし、質素な１人暮らしなら３００万円でも足りるかもしれません。リタイア年齢もさまざまです。

実際、ＦＩＲＥ計画策定にあたっては、さまざまな切り口があります。

・いくらあればＦＩＲＥできるか？
・今の資金なら何年ＦＩＲＥで過ごせるか？
・月の支出をいくらにすべきか？
・ＦＩＲＥ維持には年利何％必要か？

などなど。

これらを一覧できるような表現法はないものか……と思って作ったグラフを後ほどご紹介します。

その前に、突然ですがクイズです！

【問1】４０００万円のＦＩＲＥ資金を年利４％で運用を続けていく人がいます。月の生活費20万円だとすると、この人は何年逃げ切れますか？

答えは、約27年です。

【問2】年利１％で運用を続けている人がいます。月の生活費は10万円で、40年間逃げ切りたいそうです。この人は最初にいくらＦＩＲＥ資金があればいいですか？

答えは約４０００万円です。

こういった試算は、先ほどのゴールシークを使えば簡単ですね。正しいＦＩＲＥ戦略とは、まずはこういった試算をいろいろと行い、自分にとって最良の組み合わせを見つけることです。物事は感覚や伝聞だけで決めてはなりません。

ＦＩＲＥ計画に必要な４つのパラメータ

この計算をするときに考えるべき数字はたった４つです。先ほどクイズをしたからもうおわかりでしょう。

①運用利回り
②月支出額
③初期資金
④リタイア期間

これらは相互に絡み合い、まったく同じ初期資金でもいろいろなパターンのＦＩＲＥ計画が立てられるわけです。お金を少しずつ使えば長持ちするし、運用利回りを上げれば、月々の支出を増やしたり、リタイア期間を延伸したりできる。そういったことです。

問題なのは、その組み合わせが無限にあること。

そこで！　私が全部計算して見やすくまとめておきました。

この計算はDIE WITH ZEROというか、与えられたパラメータをもってリタイア期間を全うしたときに、ちょうど資産を0円にする初期資金を逆算しています。というわけで、その結果を描画したグラフを発表します！

表の見方については次ページの図7をご覧ください。

注意点としては、年金などの社会保障は考慮されていないのと、インフレ率も考慮していません。後者については、目標利回りにインフレ率を加算すれば大丈夫です。

保守的な運用をすすめたい私としては、読者の皆さんには図8の安全な1％利回りグラフだけでＦＩＲＥ計画を立てていただきたいのですが……。そんな低利回りでは満足できない方も多いでしょう。

というわけで、年利1〜10％までのグラフを紹介します。グラフの見方は同じです。当たり前ですが、年利を上げたらその分計画破たんリスクも高まります。ゆめゆめご注意ください。

図7 逃げきりグラフの見かた

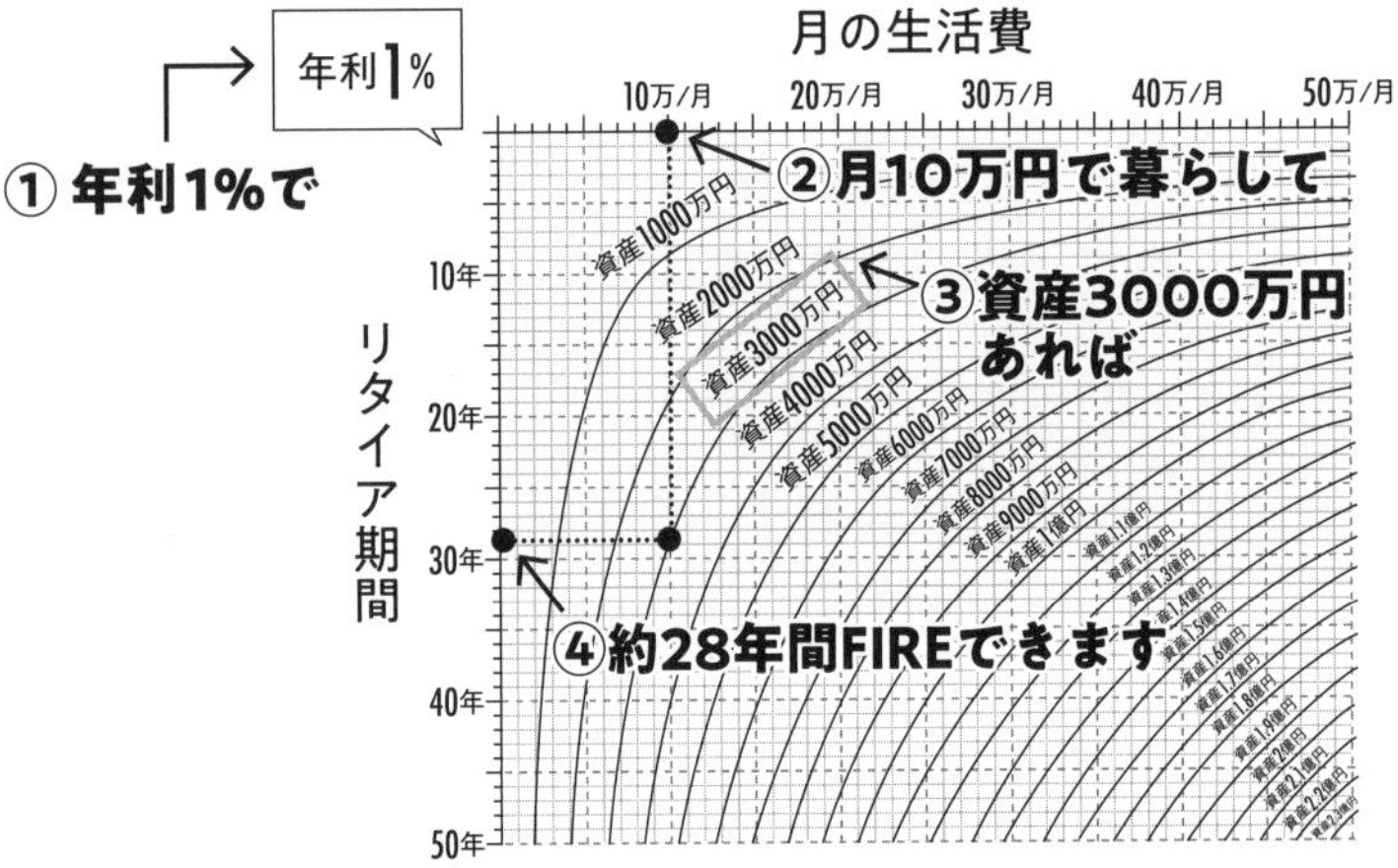

②〜④の順番を入れ替えれば、月の生活費とリタイア期間を基に、必要資産額を割り出すこともできます。さらに、資産額とリタイア期間を基に、月の生活費を割り出す、ということもできますね。

【計算に使ったパラメータ】

月支出額	1000〜50万円（1000円刻み）
運用利回り	1〜10%（1%刻み）
リタイア期間	1か月〜50年（1か月刻み）

【計算のゴール】

リタイア期間が経過した瞬間に資産0円となる

【計算で得られるもの】

各組み合わせでちょうど必要な初期資金

図8 年利1%

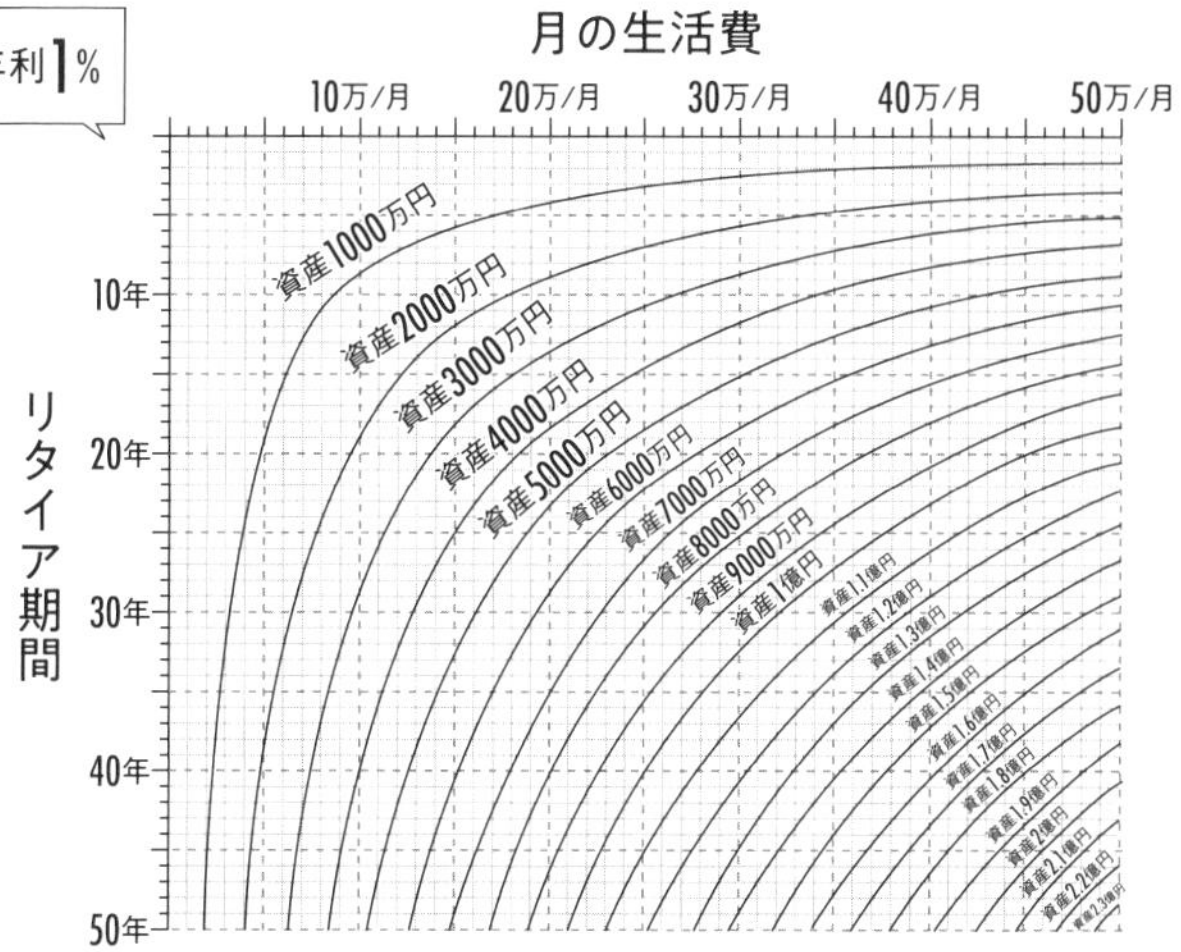

年利１％のパターン。保守的な私がおすすめしたい金利です。

図9 年利2%

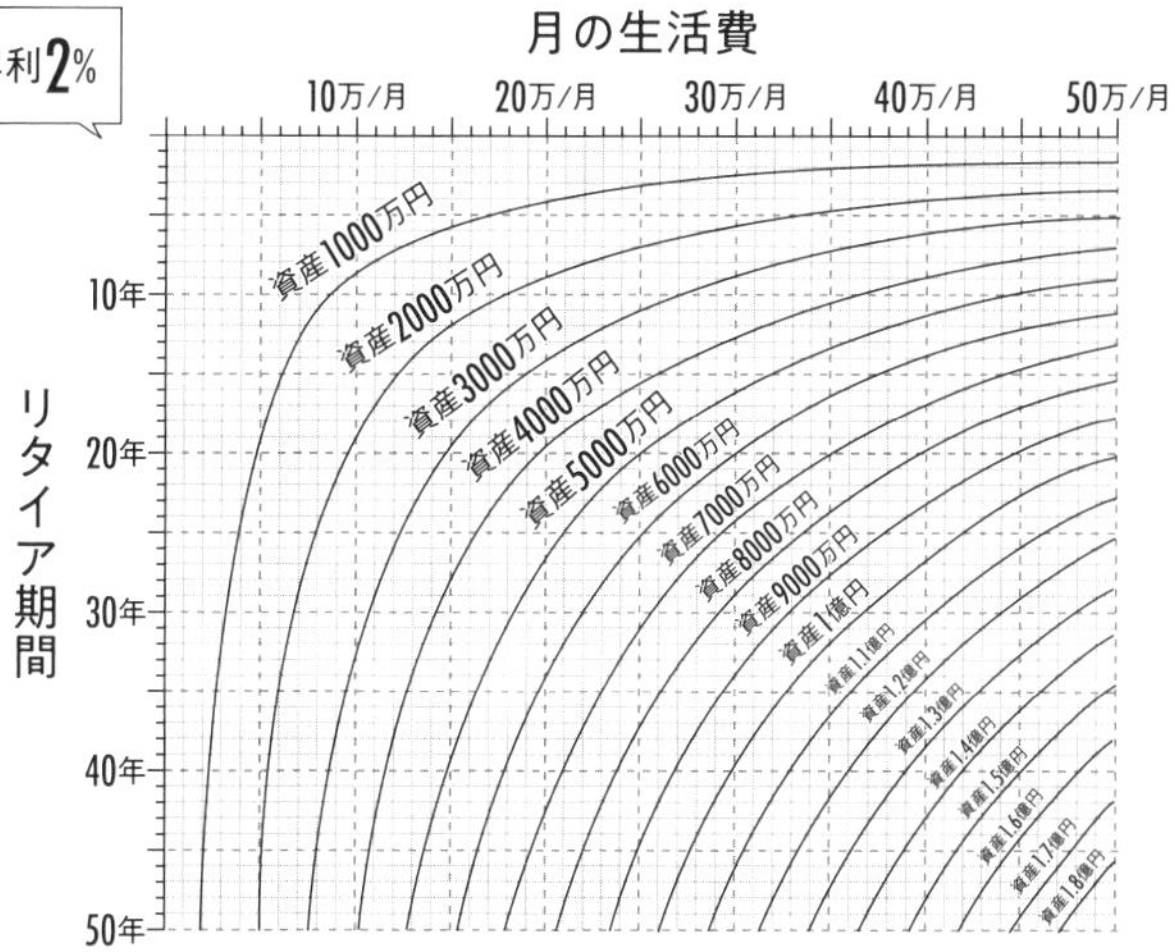

年利２％のパターン。このくらいならそこまでリスクは高くないですね。

図10

年利3%

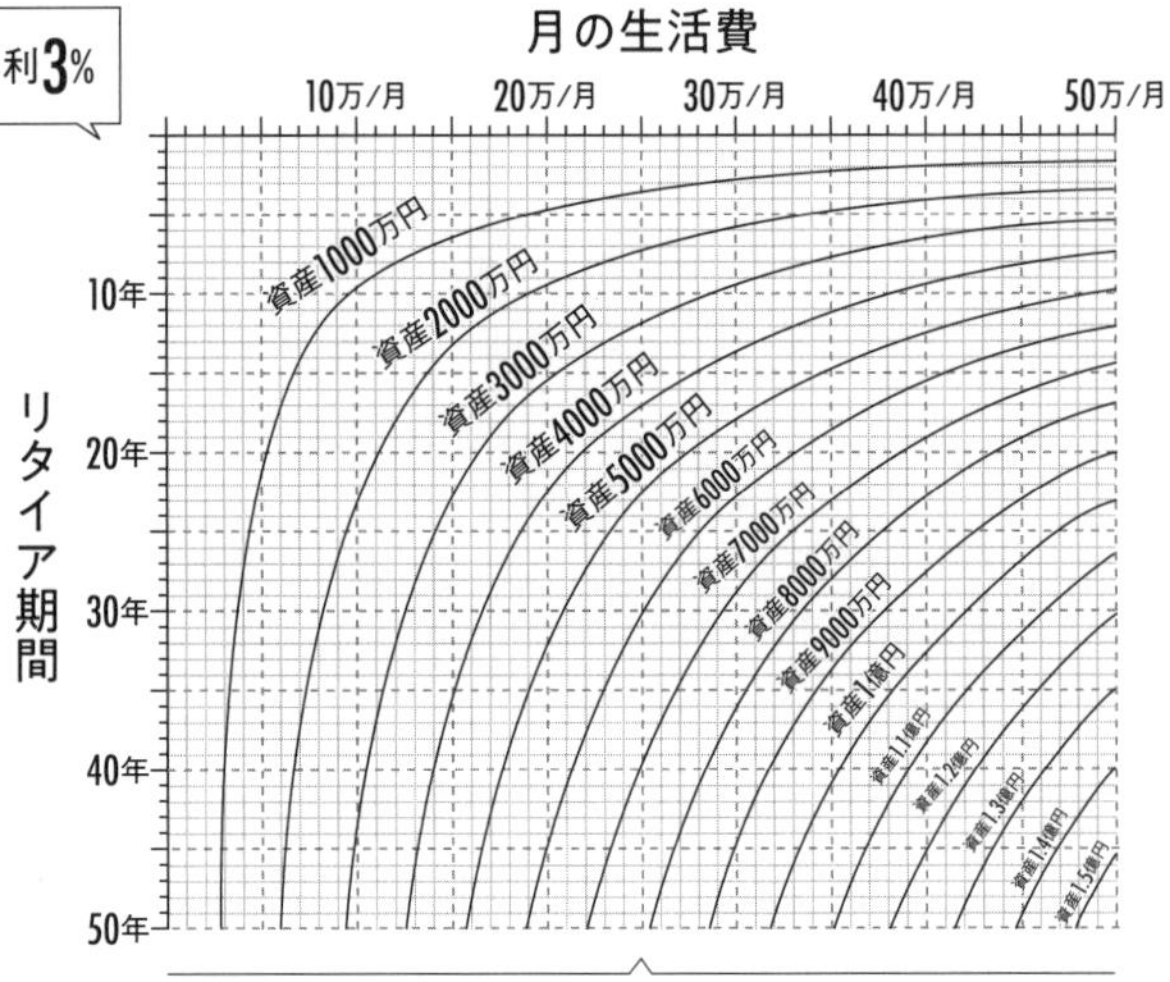

年利３％のパターン。そこそこ、安全でしょうか？

図11

年利4%

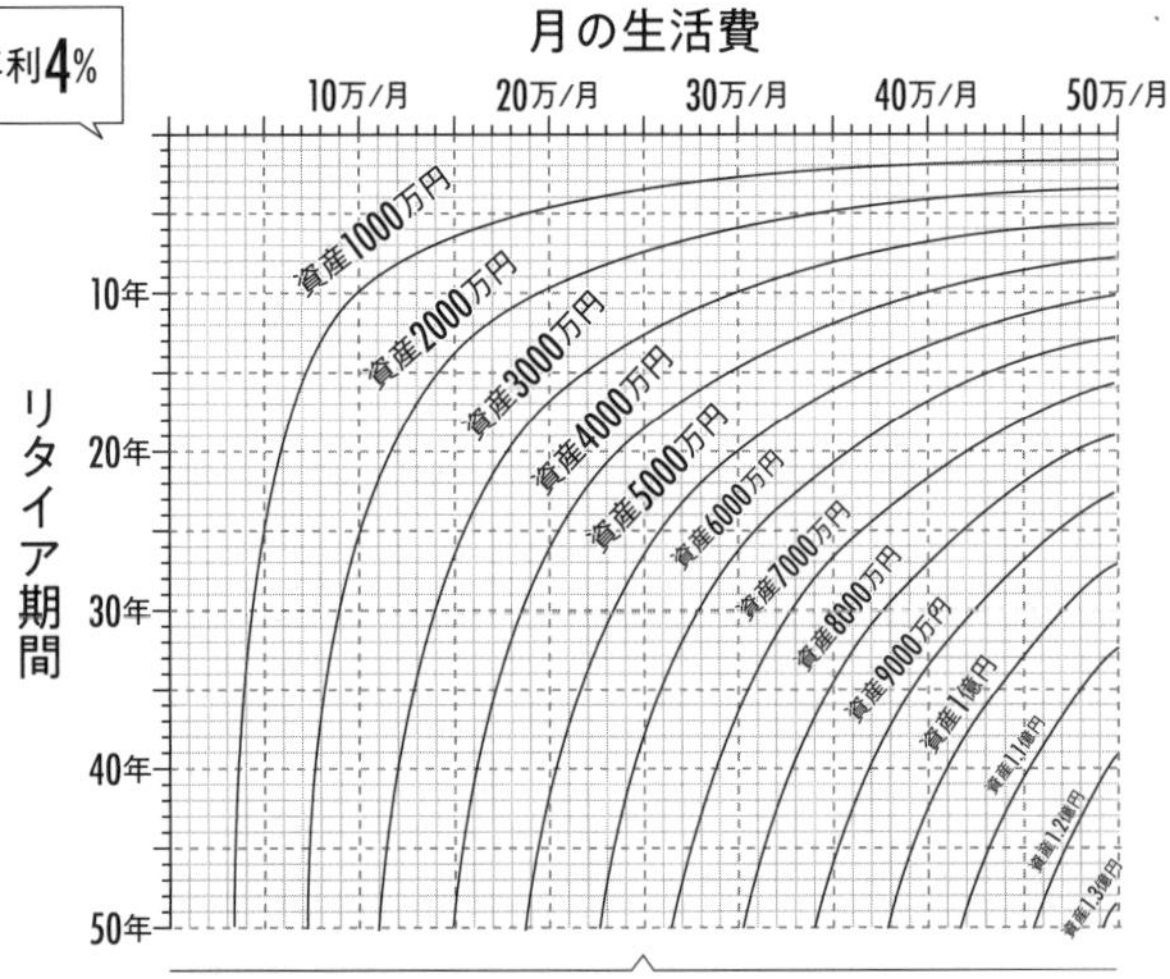

年利４％のパターン。みんな大好き４％。FIRE 指南でよく使われる金利です。

図12

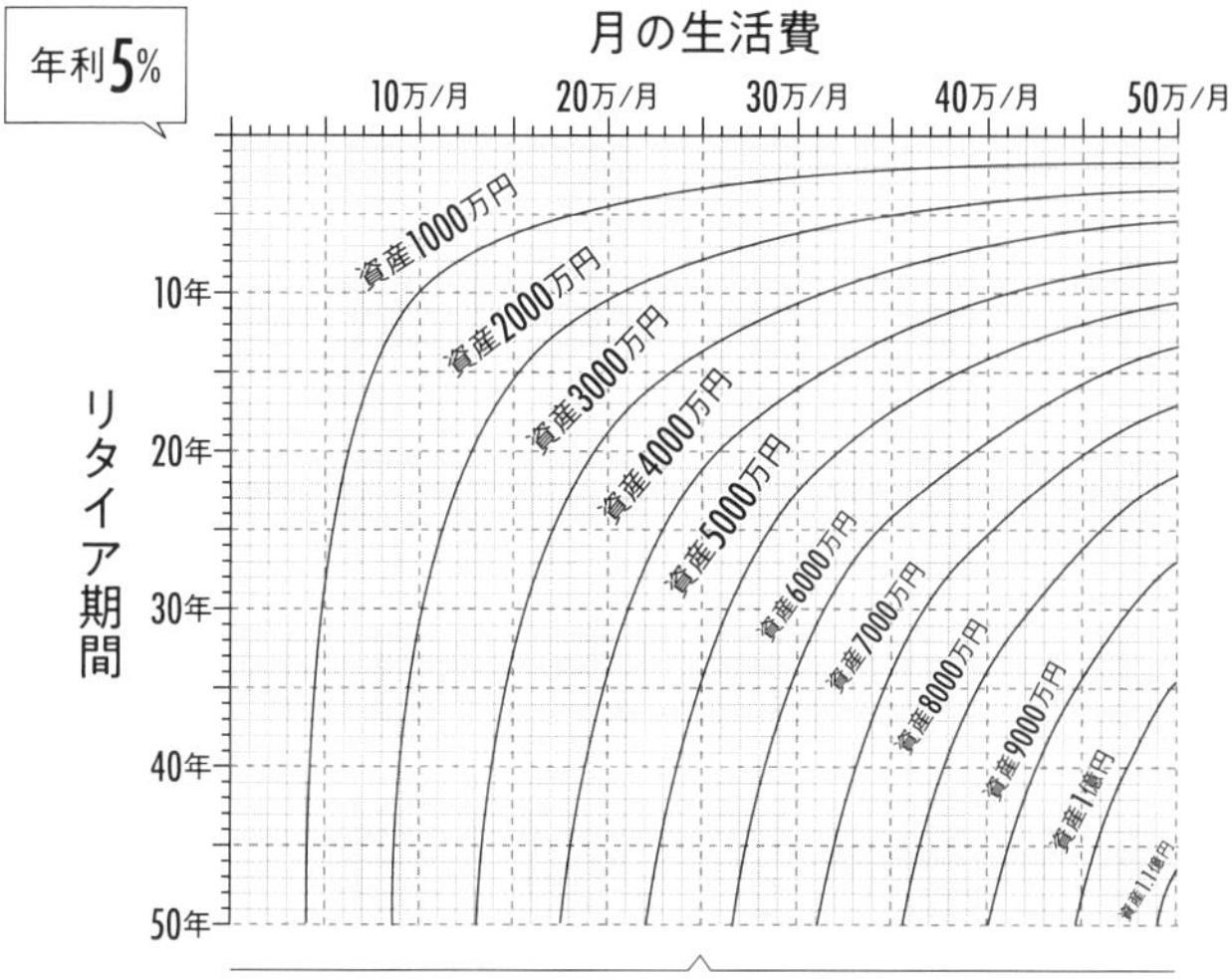

年利５％のパターン。がんばれば安定的に取っていけるのでしょうか。

図13

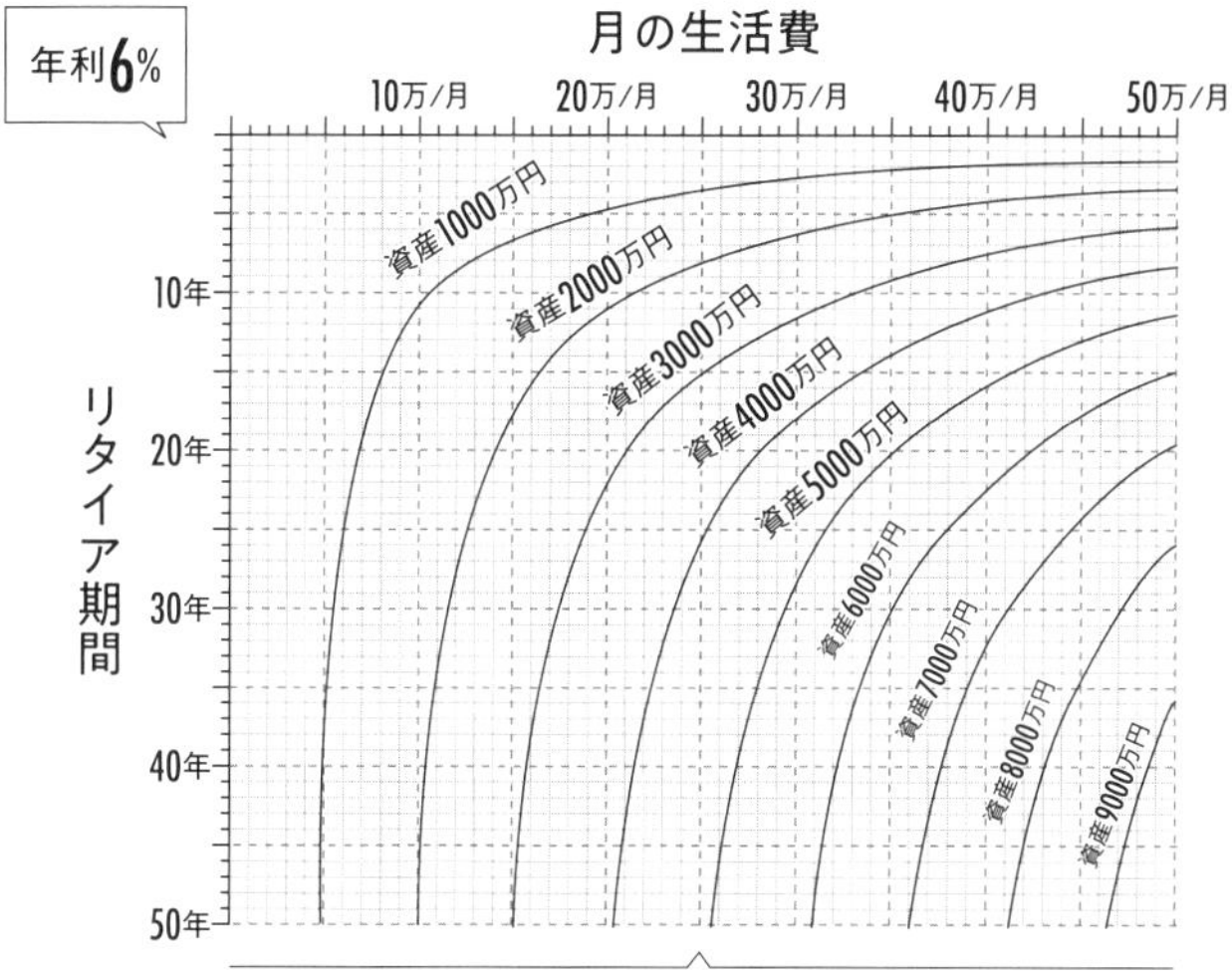

年利６％のパターン。5000 万円あればかなり悠々自適な暮らしができそうですね。

図14

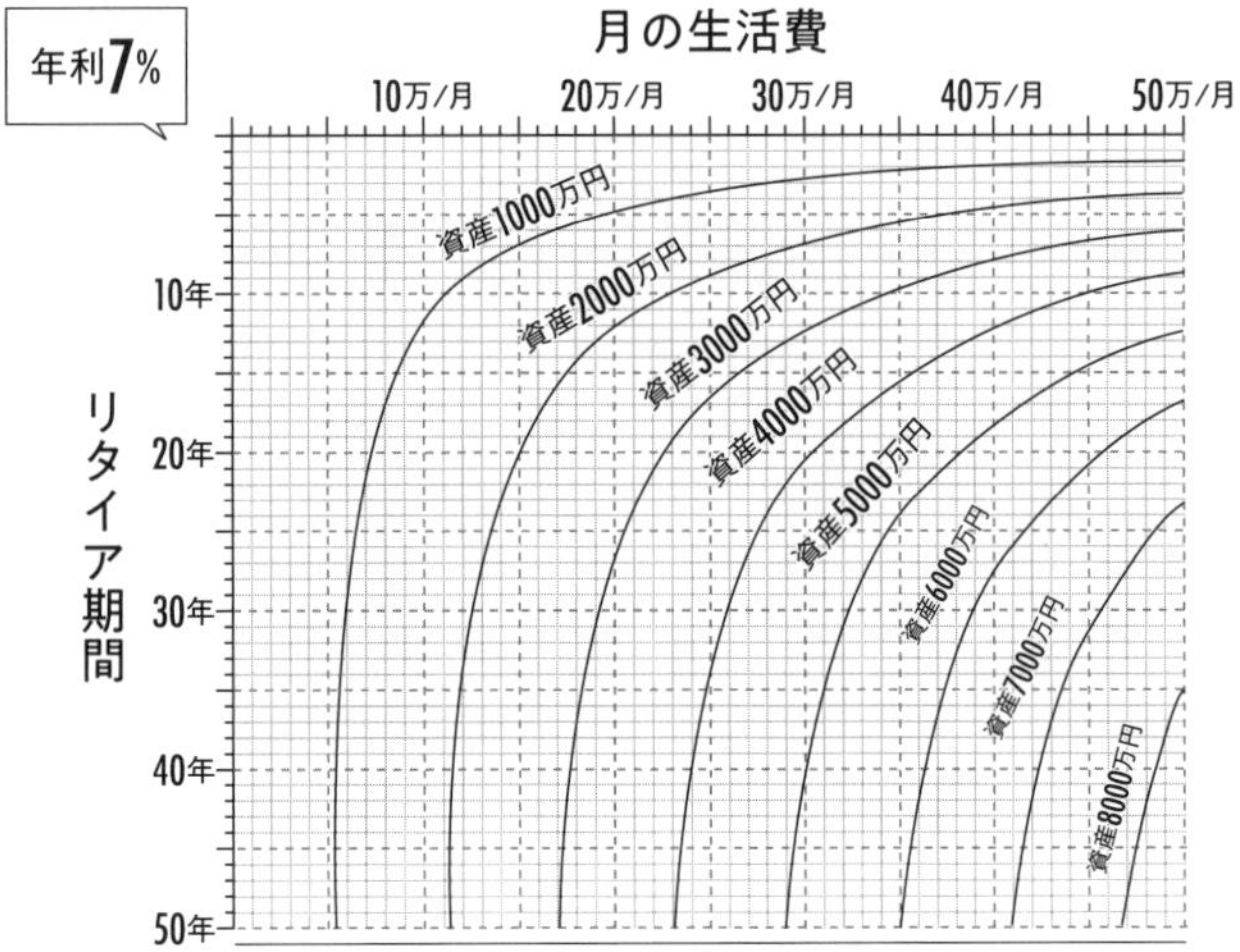

年利７％のパターン。曲線同士の幅が広がっています。資産のゆくえが強烈に利回りに依存している証拠ですね。

図15

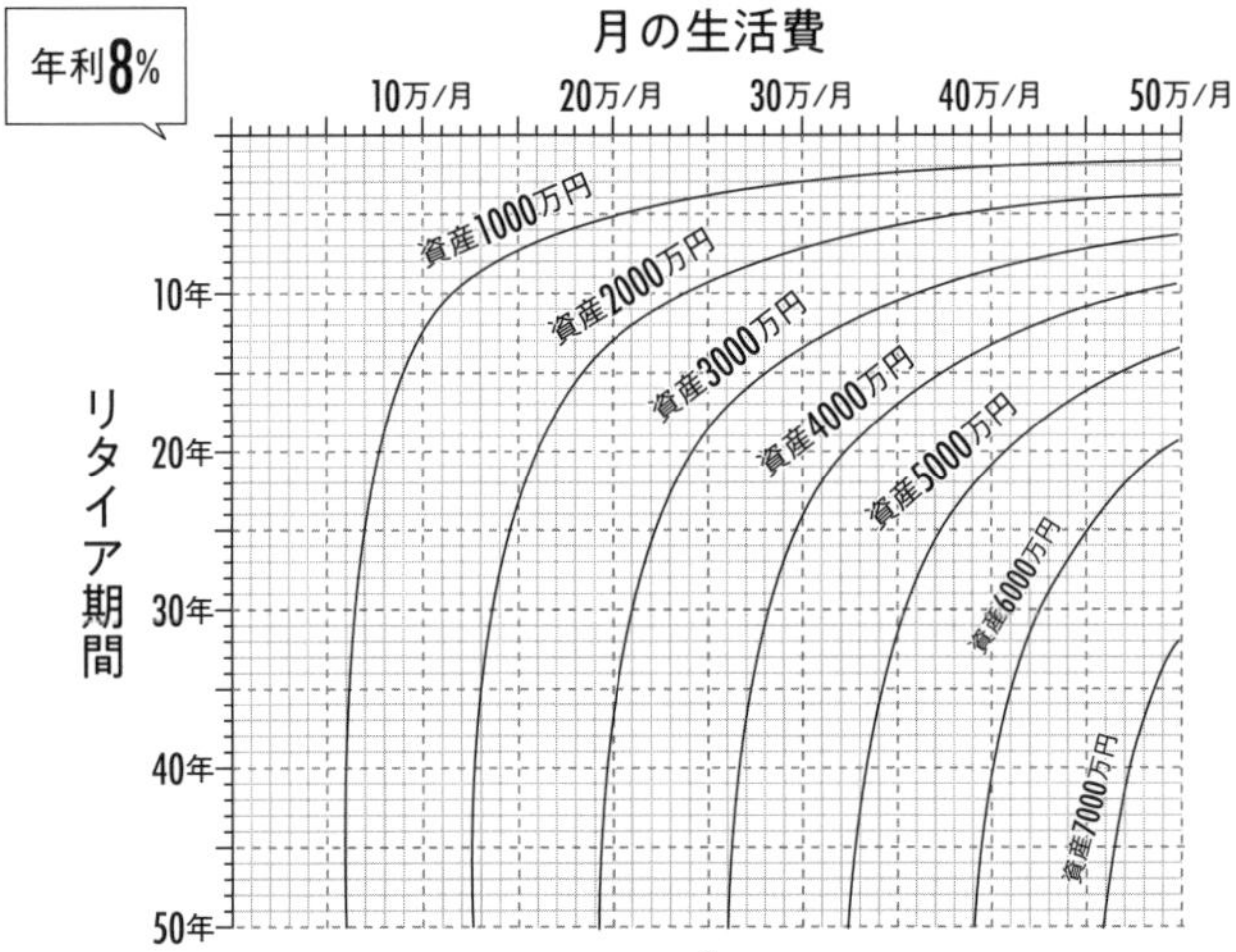

年利 8% のパターン。かなりリッチな生活をしないと使い切れません。

図16

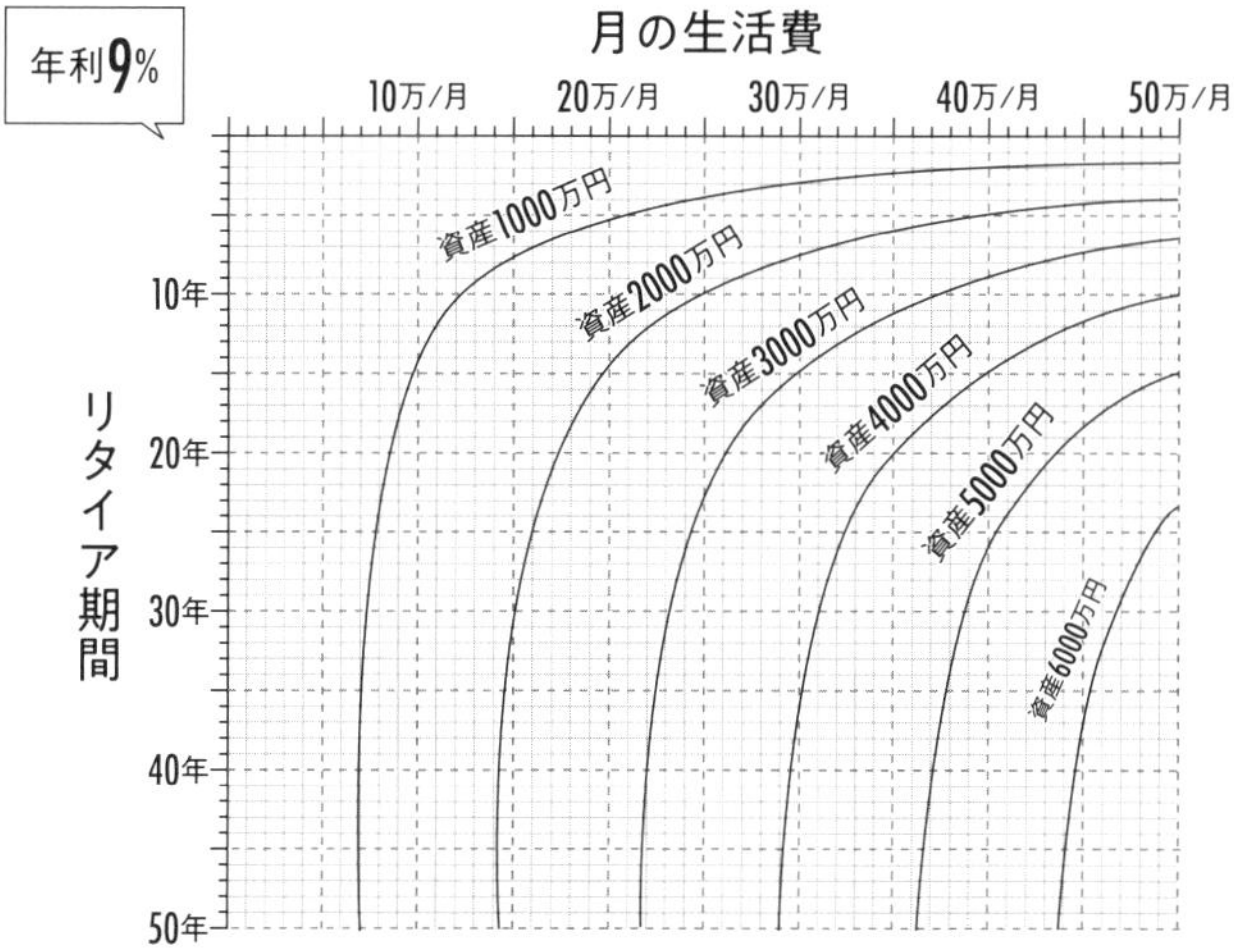

年利9%のパターン。生活に余裕ありまくりですね。色々と心配ですが……。

図17

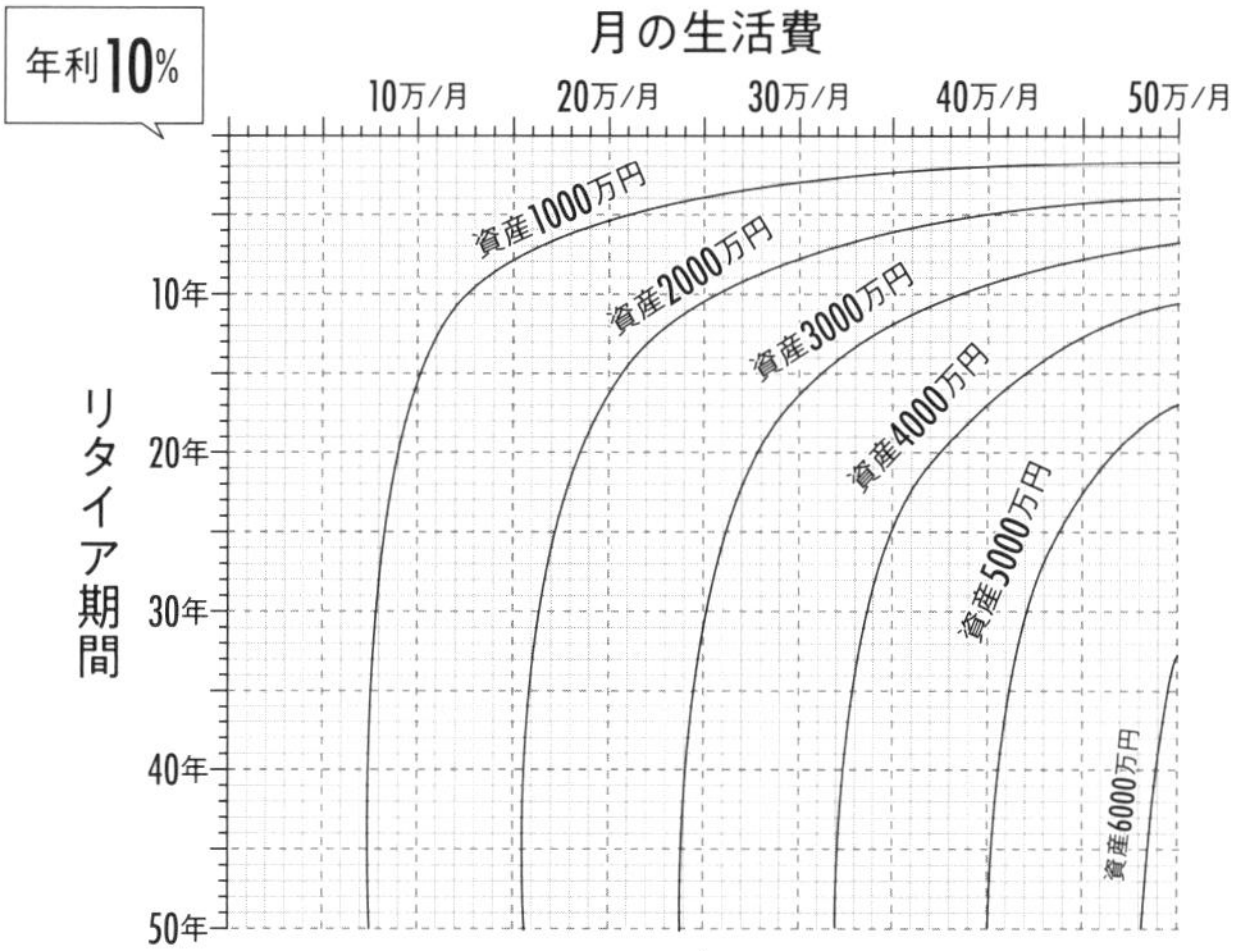

最後です。年利10%のパターン。随分とスッキリして見やすいですが、その分リスクもデンジャラスです！

やっぱり利回りの影響ってすごく大きいです。特に、３０００万円、４０００万円を超えるような、資金力が多い場合に顕著に動いています。

でも、タダでこんなにどんどん楽になっていくなんてムシのいい話ですよね。繰り返しになりますが、全体計画が破たんするようなリスクを取ってはすべてが水の泡です。

この10のグラフとにらめっこして考えれば、

・よし、生活費を3万円下げて7年早くＦＩＲＥしよう！
・あと5年働けば、利回りを２％落とせて安全になるな！
・45歳でＦＩＲＥするには、利回り４％で５０００万円あればいいな。現在の生活費は月20万円くらいだから

と、無限に検討することが可能です。皆様におかれては、無理のない範囲でよき最適計画を立て、快適な蓄財ライフを目指してください。

第2章

億の細道

──資産1億円までの道のり

僕は5000万円貯めて、退職願を叩きつけると決めた

時は2002年にさかのぼります。

当時大学生だった私は今のようにドケチだったわけではなく、むしろ「宵越《よいご》しの金は持たない」タイプでした。将来に楽観的で能天気、まあどこにでもいる学生ですね。いつもお金はなかったのですが、それはそれで楽しく暮らしておりました。

そんな楽しい学生生活もいつかは終わりを迎え、就職活動をしなければなりません。しかし、当時は悪名高い就職氷河期。風化しつつあるそんな時代の記憶です。

就職氷河期という地獄

就職活動なんて最初は余裕だと思っていました。先輩方からは「就職厳しいぞ〜」と聞かされていたものの何の実感もなく、まあすぐ決まるだろうと。

しかし、現実は本当に厳しいものでした。当時は強烈な買い手市場。統計データを見ると2002年1～3月期の有効求人倍率はなんと0・51倍となっています。就職氷河期の中でもかなり底のほうです（執筆時点の2023年9月は1・29倍となっています）。つまり、まず募集自体があまりありませんでした。企業は新規採用を絞《しぼ》ることで、人員抑制に動き、不景気へ対応していたのですね。そのため、名だたる企業でも採用数が「若干名」となっていることが多かったのです。そこに学生が殺到している状況でした。

会社によっては筆記試験の会場はまるで大学入試センター試験のようでした。超巨大な部屋にひしめき合っている周りの就活生を見て、「この中から『若干名』かぁ……」と絶望したのを覚えています。

人気の会社に内定がもらえるはずはなく、5社、10社、20社……と不採用にされていきました。当時の就職試験は基本的に不採用が前提で、飛びぬけて面接がうまい者や豪運の持ち主だけが採用される、という状況に感じられました。

また、今のように多様な働き方がない時代のことなので、新卒採用から年功序列のレールに乗れなければ人生が超ハードモードになる……と考えられる風潮もありました。

既卒や第二新卒に落ちぶれるとますます状況は厳しくなるわけで、誰しもが「卒業までにはどうにか職を得なければ！」というプレッシャーの中、泣きながらシューカツをしていました。そんな状況ですので、当然ながら50社100社と落ちて心を痛めてしまう友人も現れます。

「辞めるくん……俺もうダメだわ。死にたいわ」
「面接官って何を見て落としてくるのかな。俺がこんなにダメな人間だったとは」

かける言葉がありませんでした。「大丈夫だよ！」なんて言えるほど大丈夫でもないし、こっちも同じ状況です。でも、彼は別にダメなやつではないんですね。頭脳も性格も問題ありません。というかむしろ結構ナイスガイ。今の時代ならサクッと大企業に入っていてもおかしくないような人材でした。

「ん〜、俺が面接官だったらお前を採用にするけどなぁ……」
「ありがとう辞めるくん……」

こんな会話を交わす学生2人。どうなってしまうのでしょうか……。

それからもしばらく、不採用になるための不毛な就職活動を続けておりました。

とある会社の筆記試験会場。土のような顔色でSPIをカリカリ解いていました。結果は合格。次は面接です。筆記試験は通ることが多いんですよね。ここまではよくある話。

面接会場に行くと5~6人のグループにわけられ、社員さんに討論会をするように指示されました。討論の議題は「無人島に1つだけ持っていけるなら何にする?」という、しょうもないテーマ。たった今3秒で考えただろう! というほどの意味のなさです。完全にナメてますね。

しかしこういうつまらぬ妄想が得意な私は討論の場を制圧し、ペラペラとしゃべり続けて他の参加者の意見を吸い上げとりまとめ、うまく立ち回っておりました。こちらも見事合格です。

次は普通の面接。志望動機とか学生生活の話とか、入社したらどんなふうになりたいかなど、お決まりのことを聞かれ、適当に話しておりました。志望動機なんて「無職になりたくないから」「今内定がないから」くらいしかない会社だったんですが、あれやこれやと取り繕《つくろ》って話しました。結果は……合格です。

そして最終面接。これに合格すればとりあえず無職は避けられる！　という思いで非常に偉い感じの方の面接を受け、「採用でも不採用でも電話でお知らせします」と言われて帰路につきました。電波のよい場所で待機すること数日。ついに電話が……。

「先日は面接にお越しいただいてありがとうございました。面接の結果、内定です。おめでとうございます！」

捨てる神あれば拾う神あり。やっとの思いで1社の内定を獲得できたのです。晴れて就職活動も終了です。

こんな私を拾ってくれるなんて……。神企業だと思いました。早速両親に電話し、就職が決まったということを報告しました。

両親の反応は、「え……そんな会社……」のような感じでしたが、彼らの好景気の時代と比較されても困ります。今は就職氷河期だよ母ちゃん！　正社員の内定が出るだけでも御の字です。

その後はアルバイトをしたり卒業旅行に行ったりと、人生で最もよい時間を過ごしておりました。

その行く先はブラック企業だとも知らずに……。

ブラック企業へようこそ

かくしてどうにか就職活動を終え、大学も無事卒業し、私は初出社の日を迎えました。社会人としての門出です。

念のため、始業時間よりかなり早めに指定された場所へ出社しました。その部屋では模様替えのようなことが行われており、皆忙しそうにしていたのを覚えています。というわけで、私の人生最初の仕事は机を動かすお手伝い。

入社式が行われた後、自分が働く部屋に連れていかれました。会社の雰囲気を一言で表すなら、昭和100%。まじりっけなし。ずいぶんと昔の話なので、昭和からそこまで時間はたっていませんでしたが、それでも古くさいと感じたものでした。

その後は先輩社員に連れられてひと通りあいさつを済ませ、直属の上司となるKさんから仕事の内容について教えてもらっていました。新卒がやるようなことなので、たいして難しい内容もなく安心していたのですが、所々に昭和らしさが垣間見えます。

たとえば、出勤時間。定時は8時半とごく普通だったのですが、新入社員には「毎朝7時半出社」「部署全員の机拭き」「全員のお茶入れ」が義務付けられていることを伝えられました。いくら遅くても7時50分には着いていなければなりません。配属された部署には新入社員が自分しかおらず、頻度は毎日です。

内心で「マジかよ……」とは思ったものの、ここでイヤな顔をするわけにはいきません。来年新しい人が来たらそれで解放でしょうし、仕方ないと思いました。学生時代の部活でも似たようなことはしていましたからね。

その他、いろいろと話を聞いてから席に座っていました。すると突然……。

「おめーバカかよ!?!」

「◎△$♪×¥○&%#!!!!」

という怒声が聞こえてきました。若そうな人が偉い人に怒られていたのですが、その剣幕が尋常ではないのです。最初は「酔っぱらっているのかな」とさえ思いましたが、どうやらシラフのようでした。その後シュンとうなだれた人は席に戻り、泣きそうな顔で仕事をしていました。内容がよくわからなかったのでどっちが悪いのかは不明でしたが。

この時点で「この会社ちょっとヤバいんじゃないか？」と感じました。ただ、それが気のせいであることを祈りつつ、入社関係の書類などを書いて定時まで過ごしていました。

すると、また時々聞こえてくるのですね。さっきの怒号ほどではないものの、電話で何かをネチネチと言っている人、静かな声だけど罵声《ばせい》を浴《あ》びせている人、これまた電話で泣きそうな顔で謝っている人……。

（雰囲気わるー！）

この時点で70%くらいは確信しました。ここはヤバい場所だと。20代、30代、40代、50代、どの年代の人も同じ感じ。「私はこれからこの輪の中に入り……定年までこんな感じで過ごすのだろうか……」。絶望感を覚えました。

昭和風のチャイムが17時の定時を告げました。しかし、誰一人帰る者はおりません。特に急いでやることはありませんが、新卒の私が一番に帰るわけにはいかず、ひたすら周りの様子をうかがっていました。

18時、19時と時が刻《きざ》まれても誰も帰る様子はありません。みな普通に働いています。そしてKさんが口を開きました。

「帰らねーの？」

いや、この雰囲気の中で帰れるわけがない。その言葉を真に受けて本当に帰ったら明日どうなっちゃうの？　絶対なんかするでしょ？　といった恐怖感しかありません。この重苦しい雰囲気……令和の若者でも絶対帰れないと思います。できたらたいした大物です。

表現は難しいのですが、言うなればお葬式の最中に突然立ち上がって「帰りまーす」と笑顔で言う感じですかね。伝わりますでしょうか。「いや、お前それは絶対ありえんだろ！」みたいな……。

とりあえず「あ、いや、ちょっと勉強とかしたり……とか？　しています」とごまかして引き続き席に座っていました。Kさんはそれ以上何か言うことはなく、20時、21時になり、ようやく一部の人がポツリポツリと帰っていきます。

「年度の初めだからみんな忙しいのかな?」と思いつつも不安がよぎりました。まさかこれ毎日なんじゃないだろうな……と。

でも、これでちゃんと残業代が出るなら大学時代のバイトより時給もいいだろうし、むしろラッキーだよな! でもサービス残業というのも聞くしな。どっちなのだろう……。

頭の中はその疑問でいっぱいです。どっちなんだと。でもめちゃくちゃ聞きづらい! どうしよう! 非常に迷いましたが、とにかく気になって仕方がありません。

私「Kさん、お忙しいところすみません。何かお手伝いできることは」

K「今はないな〜」

私「私、何もしておりませんので、残業の申請とかはしないほうがいいです……よね? まだ、いろいろと勉強させていただいているだけなので!」

K「……」

私「?」

K「んー……」

私「はい？」

K「残念ながらウチ、基本そういうの出ないのよ……」

「**ああ、終わった**」と思いました。それまじですか。周りの皆さんもKさんも、これみんな無給でやっていたんですか……。毎日何時ごろまでやっているんだろう？　さらに恐怖感が高まります。平静を装いつつもドキドキが止まりません。

私「お、おおむね、毎日終電くらいまでやっていたりするのですかね～？」

K「そういう日も多いかな」

私「へ、へえ」

K「俺も全然家に帰れないからさ……。最近、嫁に母子家庭って言われているんだよね！　グハハハ！」

嫌なら辞めろ。野垂れ死ね

Kさんは、10数年後の未来の自分とも言えるわけです。それがこの状態とは。結婚しているのに母子家庭ってなんですか。私もKさんの人生をトレースするのでしょうか。

彼は当時30代でしたが、40代、50代と思われる人も似たような暗い表情で仕事をしており、ここで完全に悟《さと》りました。ここはまぎれもないブラック企業だと。

今の時代なら、すぐさま転職を考えることでしょう。しかし、時は就職氷河期。あの悲惨なシューカツのことが頭をよぎります。ここを辞めたら最後、二度と正社員には戻れないかもしれません。いわんや別の会社で正社員になれたとしても、今より劣悪である可能性は大いにありました。だって、第二新卒や既卒だと、今の会社よりさらに条件が悪いところにしか雇ってもらえないかもしれませんからね。しかも今日は入社1日目。ここで辞めるのはさすがにデメリットが大きすぎるだろう……。

22時ごろ、Kさんから「初日からそんなんじゃ大変だろ。帰れよ」と言われました。

私が「えっ、いいんですか」と返すと、「帰るべき。明日からお茶入れがんばれ。じゃあな」と一言。微妙に優しいような優しくないような感じですが、声のトーンは本当に帰れの合図。そそくさと帰宅することに。口ぶりからすると、今日はビギナー用の特別に楽な扱いをしてもらったようにも思え、帰り道で本当に将来が不安になりました。

あの怒号。無気力な表情をして無給で働き続ける諸先輩方。結婚しても母子家庭のKさん。でも逃げたらまたあのシューカツをもう一度。

完全に絶望しパニック状態となり、うつろな目で夜道を歩いていました。

「これ、懲役40年だ。やばいです。逃げないと。でも逃げたらもっとやばいかも。というか明日7時半出社じゃん！　これが60歳までずっと続くのか？　そのうちあの怒号を私が受けることになるの？　40年？」

2003年4月1日夜。僕は死んだ

その時になぜか頭をよぎったのが、そのころ連載されていた漫画『賭博破戒録カイジ』でした。この漫画の主人公・カイジは、借金がかさみ地下の強制労働施設に入れられちゃうのですね。劣悪な環境で十余年、返済のために働かされることになるのですが、地下からどうにか抜け出そうと四苦八苦するのです。

その中で「1日外出券」というものが出てきます。わずかな給料を貯めて大金を払えば1日だけ外の世界に出られる券で、「勤労奨励オプション」とも呼ばれていました。カイジが1日外出券ほしさに涙ぐましい節約をするシーンがとても有名です。

そして、瞬時にいろいろなことが頭を駆け巡りました。

カイジの地下強制労働施設にそっくりじゃないか。私はなぜあの会社で、もしかしたら40年も働き続けなければならないのか？　それは、絶対無理。多分途中で死んでしまうだろう。もう他には何もいらぬ。だから懲役40年だけは絶対に避けたい！

しかし……それでも働き続けているあの人たち、なんなのだろう。何が理由？　あれに生きがいを感じているのだろうか？

違うはず。生活費が必要だからだよな。**結局お金の問題**だ。なら、私が他にお金を得る手段ってあるのだろうか？　今はこの仕事以外にない。転職は厳しいし、辞めても似たり寄ったりだ……。でも、何とかしなくては……何とか……。

夜道を歩きながら、パニックになった頭が少しずつ動き始めました。

もし仮に給料を1か月まったく使わなかったら、どうなるのだろう。60歳定年が59歳11か月定年になっても問題なし。**お金を貯め続ければ、その分懲役40年を未来側から減らす**

ことはできるのではないだろうか。

もちろん、給料をまったく使わないなんて不可能だけど、なるべく使わないようにするのは可能だ。社会人の支出と収入の比率ってどのくらい？　それによって懲役の減少速度が変わる。懲役後に使う生活費もその速度に影響するはずだ。

とにかくあの様子じゃ、給料はあまり増えないのだろうな。だったら支出を減らさなきゃお金は絶対貯まらない。そうしないと懲役40年が確定してしまう。

脳の今まで使ったことのなかった部分まで総動員して、生存の方法を探りました。今思い返せば全然大したことを考えていないのですが、当時の私はお金について完全に無知で、簡単なことに気づくのにも時間がかかります。

そして、歩いている道路わきの小型アパートを見て思いました。「2階建て8部屋くらいあるアパート」か……。

もし私が所有者だったら、各部屋から5万円ずつ家賃を吸い上げれば40万円。働かずに！　今日会社で見たあの陰惨な未来に閉じ込められずに済むのだな〜。

つまりこれって「一生外出券」なのでは？　1日外出券ではなく「一生外出券」！　アパートがほしい！

でもアパートっていくらくらいするのだろう？　1億円くらいかなあ。買えるわけない。でも半分だけとか、ひと部屋だけなら……。まずはひと部屋買って、その家賃分を次の部屋の購入に充てればだんだん楽になるのじゃないだろうか。

ここでなぜか、まったく知らなかった複利運用に近い概念にたどり着きました。人間必死になればそれなりのアイデアが出るものです。さらに思い詰めながら考えました。

そうするにしても元手が必要だな。とにかく今は非力すぎる。なにせ、貯金ゼロだからなあ。今の私にできる最大限は、やっぱり支出削減でお金を貯めること！　アパートはその後でしょ。

まずは元手のために節約だ！

ここで脳と人格が完全に切り替わりました。**何を犠牲にしてでもお金を貯めて懲役を短縮したい**。人生で贅沢は望まない。ただただこの環境から逃げたい。

それまでの希望にあふれた私はそこで死んだのです。

懲役短縮のためにすべてをつぎ込まなければ。嫁に母子家庭と言われるような労働だけの人生なんて絶対トレースしない！　とにかく最速でお金を貯めてアーリーリタイアってやつだな。無理は承知、無茶は承知、無謀も承知。**金を貯めて絶対に仕事を辞める！**

社会人初日、入社後わずか14時間。寒さの残る夜空の下でした。

絶対仕事辞めるマンの誕生です。

貧乏人は泥を食え

——月4万5000円生活の始まり

翌日以降の勤務は私の予想通りでした。

サービス残業は慢性的で、基本的に軍隊のような怒号が飛び交う環境であること。サービス残業を前提に過剰な業務が組まれ、それに逆らうことは現実的にほぼ不可能。有給休暇など、ほぼ誰も取っていないこと。父あり母子家庭はKさん以外にもたくさんいること。このあたりが明らかになってきました。

毎日7時半出社の終電帰りでフラフラでしたが、貯金を心に決めた私は、過酷な労働の中で貯蓄の具体的計画を検討し、節約生活を始めました。新卒のくせにもう心の中はアーリーリタイア一色。余暇や仕事の合間を見つけてお金の勉強もしていました。

退職願を叩きつけるまでのFIRE計画

まず着手したのが、いくらの金額を、いつごろまでに、どうやって貯めて退職願を叩きつけるか？　という試算でした。

金融知識はほぼゼロなので、思考のスタートは自分の生活費でした。まだ初任給も出ていませんでしたが、給料はおおむね20万円弱になるとは知っていました。これを起点に計画を構築です。

どれくらいの金額を貯めるべきか

まず、何歳であっても、リタイア後の生活は今の初任給である月20万円を確保できれば問題ないと考えました。あれこれ調べていると、アパートの賃貸収益は物件価格の5％くらいだとわかってきたので、逆算して最終目標金額を5000万円と定めました。

5000万円×5％／年＝250万円／年＞20万円／月

を満たすからです。賃貸収益だけで生活できて元手が減らず、盤石だと思いました。実際は経年で家賃が下がっていったり、経費もかかったりするわけですが、その辺りはどんぶり勘定です。とにかく5000万円。それで大家さんになればゴール！　ということにしました。

当時無一文だった私は5000万円をとんでもない金額だと感じましたが、これを成し遂げなければ人生終わり。最初の1万円から1枚ずつ、とにかく5000枚積み上げると自分に暗示をかけていました。後述する「貯金塗り絵」を始めたのもこのころです。

いつごろまでに

次は、その5000万円をいつごろまでに達成すべきか、すなわち懲役40年をどれくらい減刑させる必要があるのか……を考えました。

これは自分の気持ち次第。何年間ブラック企業で耐えられそうかがキモとなります。

私の出した結論は10年でした。数値に根拠はありません。ただなんとなくの気持ちです。

当時25歳だったので「35歳までの人生は捨てる！　ダラダラと刑務所の中で漫然と過ごすのではなく、10年間キビキビと外に向けた脱出トンネルを掘ります！」と考えました。

どうやって

5000万円を10年で貯めるためには、単純計算で年間500万円の貯金が必要です。生活費もあるし、そもそも年収をはるかに超えているので、このままでは無理な話。

そこで、まずは収入を整理しました。もらえる給料は手取り20万円弱。ボーナスが4か月とすれば、トータルで300万円ほどとなります。

次は、ここからどう支出していくべきか。学生時代の生活の経験などから、月4万5000円を生活費に充てることにしました。すなわち、月15万円ほどは貯金とします。生活費があまりにも低すぎるのですが、当時は会社の寮のようなところで生活しており、家賃がほぼかからなかったためです。これだけは、会社に感謝しています。もしここで家賃を5万円、6万円と払っていたら、この計画は困難なものになっていました。ここで家賃を抑えることの大切さに気づいた私は、今でも家賃が月2万円台の家に暮らしています。

貯金は毎月15万円、ボーナスからは全額の35万円×年2回と想定し、年間貯金目標は250万円。しかし、それでも10年で2500万円しか貯まりません。そこで、複利的運用をして、それを足しにしようと思いました。

その後も猛烈に調べ続け、アパート以外にも株で運用しようと考え、逆算した結論として想定利回りを年15％に定めました。手段は何でもよし。

今思えば、年利15％など安定して取れるはずがないのですが、とにかく10年間はこれを取っていこうと思っていました。その後リタイアしたら5％に下げる、と。めちゃくちゃですね。（笑）

かくして私のアーリーリタイア計画は完成しました。順調に推移すれば図18のようになって、5000万円に到達するはずだと。

図18 初期のアーリーリタイア計画

1年後	250万円
2年後	538万円
3年後	868万円
4年後	1248万円
5年後	1686万円
6年後	2188万円
7年後	2767万円
8年後	3432万円
9年後	4196万円
10年後	5076万円

とにかく、これを粛々と進めていけば10年でブラック企業ともおさらばできるはず！

要点を整理すると、当面やるべきことは2つ。

① 生活費を月4万5000円に維持

② 年利15％で運用する

突っ込みどころは多いけど、具体的な人生の目標ができました。ブラック企業に迷い込んで人生真っ暗の中、遠くにかすかに見える光です。とにかく光の差すほうへ、つまずいても転んでも進め、進め……。

「懲役」と思えば、生活水準はどこまでも下げられる

この支出には家賃が入っていないとはいえ、生活はとても貧しいものとなりました。これで食費、光熱費、被服費、交通費や飲み会などをすべて賄《まかな》わなければなりません。娯楽などもってのほか。

食事は1日1食、昼食だけでした。会社では残業中に夕食を食べることは「サボり」とみなされるため、周囲で食べる人はほぼいませんでした。だから、帰ったらそのまま寝るだけ。しばらくしたら体が慣れてきたものの、いつもお腹をすかせていましたね……。

さらに、長時間勤務やストレスフルな怒号を受けて心が弱り、うつ状態のようになっていたのです。私はそうなると食欲がなくなるタイプなので、自然とほとんど食事をしなくなりました。家には冷蔵庫もなく、本当に生命維持に必要な分だけを食べて過ごしました。

光熱費もたいしたことがありませんでした。だって、ほとんど家にいないのですから。

そういうわけで、時にはなんと支出が4万5000円にすら届かず、余らせる月もありました。そんな時は少し贅沢もしたくなるものです。休日に「ちょっと回転寿司にでも行こうか」とか「ウナギでも食べてみようか」とか。でも、そんな自分を許しませんでした。**私は懲役10年（予定）の地下労働者。その罪状は「氷河期世代罪」**。刑務所の受刑者が寿司を食べますか？　ウナギを食べますか？　そういう心の緩みによって、計画は破たんしかねません。あなたの目標は何ですか？　1円でも多くお金を貯めて計画を確実に履行することではないのですか？　何が寿司だ！　何がウナギだ！

お前は泥でも食っていろ。泥は逆境の栄養だ。貧乏人は泥を食え！

こうやって自分を戒《いまし》め、爪に火をともすような生活で月末に余った数千円は……。**使わず貯金しました**。泥道のＦＩＲＥ道、泥を食べてまっすぐ歩き、計画を1ミリでも2ミリでも前に進めることだけを考えるようにしていました。

1億円
9000万円
8000万円
7000万円
6000万円
5000万円
4000万円
3000万円
2000万円
1000万円
0円

やりすぎの感もあるのですが、今思えばこれは正解だったと思います。少しでも贅沢をしようものなら、そこから決意が崩れていく可能性がありましたからね。

こうやって私には極度の節約習慣がつき、しかもたまの贅沢すらもしなかったので、だんだんこれが普通になっていきました。この本を執筆している20年後の現在も似たり寄ったりの生活ですが、あまり悲壮感はありません。これが私にとっての普通の生活なのです。一度も生活水準を上げたことがないから、哀《あわ》れみの声をかけられてもピンとこないんですよね。

生活水準は一度上げるとなかなか下げられないそうです。私は最初から一貫して生活水準が最低だったのが功を奏《そう》したのかもしれません。

他人からどう見えるかはさておき、**幸せのハードルの低さって大切ですね！**

投資を始める時に準備した、覚悟の首つりロープ

年利15％を目標とした投資については、本を中心に猛勉強していました（どの本を読んだかは、後ほど紹介します）。当時、金融リテラシーは皆無。ごく基本的な本から始めて、徐々に覚えていきました。

先述の通り、最初はアパート投資を考えて勉強していました。結局元手がかかりすぎるのと、気が弱い私が海千山千の不動産業者相手に良物件を探せる自信がなく、だんだん勉強の対象は株に移っていきました。「株は市場価格だから、少なくとも価格でだまされることはないはず」というのが主な理由です。少なくとも同一タイミングでの取引は世界中が同じ価格でしかできませんからね。価格の透明性はお墨付きです。

勉強を進めるうちに、とにかく証券口座が必要なこと、元手も100万円くらいはあったほうがいいこと、株価の予測にはさまざまなアプローチがあり、どれも完全に正解だと

は言えそうにないこと、などが少しずつわかってきました。

ごく初歩のやさしい本を除いて、私が最初に手に取った本格的な投資本は、著名投資家のウォーレン・バフェット氏を解説したものでした。これは幸運なことだったと思います。

株や投資の情報は、あまりにもいろいろな方向から、さまざまなレベルで解説されるので、玉石混交なのですね。中には迷信じみたテクニカル株価予測法を堂々と解説している悪書や、素人の素人考えがそのまま書籍になっているようなものも見受けられます。書籍だからといって全部信用できるわけではありません。この株ヘタの私が今まさに書籍で偉そうに株を語っているのが何よりの証拠です！（違）

最初に偶然手に取る投資本は、卵からかえったばかりのアヒルの子の刷り込みのようなもので、以降の投資態度のベースとなりえます。その中でかなりまともな本から入れたのはよかったです。

その後も大量に本を読みました。足りない頭で勉強に勉強を重ねた結果、現実的に年利15％を出せそうな手段として、バフェット氏にならって、厳選した個別株に集中投資するのが一番よいと結論付けました。なお、バフェット氏の運用成績は平均20％を上回ると言われているそうです。すごいですね。

こうして過酷な労働と限界までの節約、眠い目をこすりながらの勉強をひたすら繰り返し、うつのような症状でフラフラになりながらも、元手は計画通り順調に貯まっていきました。5か月ほどかけて、ついに100万円が貯まりました。

「キミと心中だ」1社に全財産をつっこむ

しかし、時は株式市場の低迷期。ひたすらネガティブなニュースばかりが流れ、日本市場はあまり雰囲気がよくなかったと思います。そこで私が目を付けたのは香港市場でした。中国の大きな会社の株が上場していて自由に取引されており、しかも外国人でも買うことができたのです。

今でこそ世界の覇権を握る経済大国となった中国ですが、そのころはまだまだ「内情がよくわからない発展途上国」というイメージが強かったです。外国からは中の実態がサッパリわからず、さらには政治の方針であっという間に企業の動向が変わる恐れもあり、全体的に非常にリスクが高い投資対象と見られていたと記憶しています。

しかし、その分株価が異常な安値で放置されており、重厚長大でまともそうな大企業で

1億円
9000万円
8000万円
7000万円
6000万円
5000万円
4000万円
3000万円
2000万円
1000万円
0円

もPER（株価収益率）が2～3倍ほどになっていました。配当利回り20～30％の銘柄も転がっていたのではないでしょうか。

これはどう考えても変な数字だろう、絶対裏に何かあるだろう、問題があって株価のほうが下がっているだけなんじゃないか……。とは感じたものの、なんだかお先真っ暗なニュースばかりの日本株よりずっと光り輝いて見え、香港市場にすべてを賭けることにしました。まったく経験なしの初心者の行動としては、かなりぶっ飛んでいたと思います。でも、それほど思い詰めていたんです。

その後も必死で銘柄研究を続け、最終的に私はたった一つの株に全額投資することとしました。くわしい理由は割愛しますが「もう絶対これ！」「絶対にこの安値はおかしい！」と結論付け、全財産の１００万円近くをすべてつぎ込むことにしたのです。

そもそも「ブラック企業勤務で５０００万円貯金するなど、無謀な計画だ。こうやって決め打ちで一撃必殺をしなければ浮かび上がれない」と思っていました。危なっかしいことこのうえありません。

この会社を仮にA社と呼びます。A社はしっかりと利益を出しているにもかかわらず、あらゆる指標が異常な割安で、勝負するならこれしかないと思ったのです。しかも当時の同社の株は1株35円程度。株価の絶対値自体は割安判断に関係はないものの、なんとなく「えっ。この会社がうまい棒3本?」という見た目の安さも心理的な安心材料になった気がします。これ、**本当は何の意味もない**ことですけどね。

とにかく十分に割安(に見える)なA社です。長期間かけて年利15%の目標ラインを超えてくれればいいと考えていました。

偉そうに講釈を垂れていますが、こんなの冷静に考えたらめちゃくちゃな願望ですよ。でもなぜか勝機は十分あると考えていました。半分酔っぱらいのような判断基準のもと全力で突っ込んでいったんですね。

『完全自殺マニュアル』と覚悟の首つりロープ

証券口座も無事開設し、とりあえず80万円程度を振り込みました。あとは買うだけ。

今では80万円はそこまで大きな投資額ではありませんが、当時の私にとっては何か月も酷《ひど》い労働に耐え、限界まで節約して貯めたお金。まさに命を削ってつくった命銭でした。

万が一銘柄選択を誤っていてこれを失ってしまったら……。

おぞましいです。もう生きる気力はありません。かといって怯《おび》えてばかりで運用しなければ、とてもじゃないけど10年で5000万円なんて貯められない。その場合でも私は一生社畜として暮らし、挙げ句の果てに身体を壊して死んでしまうだろう……。

今になって冷静に考えればたった80万円の話ですから、全損しても復活は十分可能だったでしょう。しかし、思い詰めていた当時の私は、心の底からそう思い込んでいました。そしてとんでもないことを決めてしまったのです。A社の株で失敗したらもう未来はない。そのときは潔《いさぎよ》く死のうと！

これは比喩ではなく、本当に死のうと思いました。

当時私は『完全自殺マニュアル』（鶴見済著、太田出版）という本を持っていました。有名な本なのでご存じの方もいると思います。これはさまざまな自殺法について「ラクさ」とか「確実性」とか「インパクト」みたいな評価をつけて解説していて、めちゃくちゃ物議を醸《かも》した超超超問題本なのです。

この本によれば自殺の最善手は首つりらしいのですね。首つりは苦しさがほとんどなく、しかも確実だと、この『完全自殺マニュアル』には自信満々に書いてあるのです（他の本では異論もあります）。欠点はインパクトがない点らしいのですが、そんなものはどうでもいいこと。完全に信じ切ってしまった私は、万が一A社の株が下落して復帰の見込みがなくなった場合、首つりで死のうと心に決めました。

思い返せば頭がおかしいですが、精神が追い詰められた人間ってそんなもんです。

そういうわけで初取引の前に用意したのが首つりロープ。強めのビニールひもを何重にも巻いて作った、首つりの丸い形をしたロープです。何度か実際に頭を通してサイズも確認。そのままドアノブにつって少し力を入れてみると……頸動脈がちょうどよく締まりました。完璧な出来栄えです！（※**当たり前ですが読者の皆さんは絶対にマネしないでください。**これは過去のどうしようもない思い出話です）

年利40%超のスーパービギナーズラック

死ぬ準備もできたので、満を持してA社の株を買えるだけ買うことにしました。と言っても仕事で取引時間中は動けませんので、朝会社に行く前に成行注文を入れました。注文確定ボタンを押すときは本当に怖かったです。まさに不退転の決意。手元には首つりロープ。この注文確定ボタンは未来を拓《ひら》く希望のボタンなのか？　はたまた自らの絶命ボタンなのか？　そんなことを思いながらポチッと押して、いつも通り7時半の机拭きに向けて早朝出社しました。

当時は、今と違ってスマホで株価を確認することはできませんでした。ガラケーはありましたが、ｉモードすら使い方が怪しい私にとって、モバイルで証券口座にログインして確認するのは至難の業《わざ》です。かといってログを取られていそうな会社のパソコンで確認するわけにもいかず、帰宅まで株価は闇の中。いくらで約定（取引成立）したのかもわからないまま1日が過ぎていきました。

正直、気が気じゃなかったです。だって、もし約定直後に大暴落していたら私死ぬんですよ。ああどうしよう、俺明日生きているのかなあ。でもこの生活からおさらばできるなら悪くないな……もう会社に来なくて済むのだな……とか物騒なことを考えていました。

深夜に帰宅して確認すると注文は35円ほどですべて約定しており、その日の終値は微妙なマイナスで終わっていました。といっても人生終了を決断するような下落ではなく、通常の値動きの範囲ですね。ここからが勝負。

しばらくは毎日、「あー。死ぬのかな」「助けてくれ～！」「待つのも仕事もつらいし今死ぬか」みたいな意味不明の心理状態で過ごしていたのですが……。

買ってから数週間くらいたったころだったと思います。ある日帰宅して株価を確認した時のこと……。

突然株価がポコン！　と上がっていました。うわー、助かった！　不遇な生活を送る私を神様は見ていてくれたのだ！

神様に「お前はまだ生きろ」って言われた気がしました。感情的になりしばらく涙を流した記憶があります。その後も株価はジワジワと上がり続け、あっという間に50円くらいになりました。お見事。年利15%どころかいきなり40%近くの運用成績を達成です。まさにビギナーズラックかくありき、という感じですね。

とはいえ、ここから突然5円とか10円まで大暴落したら首をつらねばならないわけです。心が完全に解放されることはありませんでした。一部を売って最初に投資した元本の100万円ほどだけは回収して首つりの可能性を消そうとも思いましたが、そんな状況にもだんだん慣れるものです。結局全株を放置したまま株価もあまり見なくなりました。貯金や節約も順調で余分にお金も貯まっていたからです。

その後もA社の株は上下しながら高値を更新し続け、まあ安全圏というところまで逃げ切ることができました。ここから数年後のことになりますが、最終的にはこの株で手取り300万円近くの利益を確定することとなります。出来過ぎのビギナーズラック。

余裕のない投資はダメ、ゼッタイ

利益はともかく、死ななくてよかったなと心底思います。実はA社の株を買う前、別の会社も検討していました。2択で悩み、最終的にはA社を選びました。逆のほうは、その後予測不可能なトラブルが頻発。株価が地の底に落ち、ついには上場廃止となっております。

あの時もう1社のほうを選んでいたら、私は死んでいたのでしょうか。あの暴落っぷりを見ると、精神錯乱し本当に首をつっていた可能性も大いにあったと思います。

人生って本当に紙一重ですね。選択の最終結果が正反対になっていることからもわかるように、結局は、銘柄選択の成否は私の実力ではありませんでした。選球眼などなかったのです。一生懸命勉強して頭を使って選び取ったように見えて、単なる運だったのですね。弾倉が6個あるピストルに弾丸が3発入った、確率50％のロシアンルーレットとなんら変わりません。

しかしあの時、株の神様はなぜ私を生かしてくれたのか？　こうやって20年後の今、この書籍で皆さんに株の怖さを伝えるためだったのかもしれない、と思うことにしました。

精神錯乱して株に命銭を突っ込むのはやめましょう。ランダム性が強い世界です。勉強したら人を出し抜ける……なんて自信は今すぐ捨て、株に命を預けるのはやめましょう。

「死ぬ」と言わなくなる

株式投資を始めてからも淡々と節約、貯金を続け、おおむね就職後3年で1000万円が貯まりました。超エリート高収入の人ならともかく、私は非エリートの低賃金サラリーマン。まさに血を吐くような蓄財生活でした……。ざっくりとですが、月4万5000円生活を継続して、入金が250万円×3年で750万円。残りの250万円は株の含み益やセコい収入などですね。こうして年利15%を前提とした非常識な計画だったにもかかわらず、蓄財はむしろ前倒しで進んでいきました。

1000万円はケタ変わりということで、一つの節目になります。しかし、実はこのころのことをあまり覚えていないのですね。達成した瞬間に感激して暴れまわってもおかしくなさそうなものですが……。

当時の目標は5000万円だったので、単なる通過点として「まだ、20%」くらいの感想を持っていたのだと思います。

ただ、先述のように、お金が貯まったことで心は少し軽くなってはいました。かなりまとまった金額を手に入れ、先のことを考えなければとりあえず数年間は逃げられる状態。覚悟の首つりロープもいつの間にかゴミ箱へ……。（笑）

その他のポジティブな変化としては、あまり「死ぬ死ぬ」言わなくなりました。突発的に死んだら残した金がもったいないですからね。

株は一応、継続していました。少し日本株にも投資しましたが、もう全額をつぎ込むようなことはしませんでした。特にドラマチックな投資劇もなく、ブレーキを引きながら時折売買していた感じです。

仕事は激烈に大変な時期でした。記憶喪失とまではいかないまでも、脳みそから記憶が部分的に抹消《まっしょう》されているのは、非常に強いストレスがかかったせいもあろうかと思います。

社会人2～3年目ごろのブラック生活

このころ、人事異動があり、私は別の環境で働くようになりました。この事務所は机拭きとお茶入れの習慣がなかったので、定時ギリギリの8時半までに出社すれば大丈夫でした。しかも私は職場の近くに激安の部屋を借りていたので通勤時間は徒歩わずか10分。そのため朝は8時に起きても余裕がありました。

改めて、職住近接は大切だと思います。というか微妙に田舎で電車が不便なため、そのように暮らしている社員も多かったです。

ただ、この事務所の長は現状について愚痴っていましたね。「昔はこの事務所もみんな7時半から掃除してたのに……。今のやつらはラクしてるよ」と。暗に「お前はここでも掃除をやれ」と言われている気もしましたが、事務所長の思いは忖度《そんたく》せず。これで無給早出があったら本当に死んでいたかもしれません。

その理由は、ブラック企業の真価が問われる残業時間にありました。定時は17時まででしたが、そのあとにスーパー残業タイムがありました。1日のタイムスケジュールは、だいたい次のようなイメージです。

8時30分：出社

17時ごろまで：外回り（事務所にいる日もある。帰社時間はまちまち）
18時：所長が退社する
20時：所長以外はほぼ全員残業を続ける（残り15名）
21時：偉い人が帰り始める（残り12名）
22時：さらにポツポツと帰る人が出る（残り10名）
23時：電車通勤組は全員帰る（残り8名）
0時：さらに何人かが退社（残り6名）
1時：ほとんどの人が帰る（残り3名）
2時以降：施錠（全員帰宅）

これが延々と月曜日から金曜日までループします。悲惨すぎますね。今あなた、「絶対盛ってるだろ」って思いましたか？

悲しいことに盛っておりません……。ネタやウソだったらどれだけよかったことか。ごく標準的な1日がこのありさまでした。

当時ほぼ最若手だった私は、ほとんどの日が強制的に0時組か1時組でした。早く帰るのがはばかられる雰囲気は変わらず、怖さのあまり早く帰ることはできず、ひたすら深夜まで働かされていました。

気になる残業代のほうですが、上限は月3万円程度。月に200時間の残業をしたとしても、給与明細に書かれているのは常に20時間以下。

本当にやってられませんでした。帰らせてくれない、かといって金は出ない。サービス残業を前提に業務を詰め込まれ、ほぼ無給残業になっていることは精神にかなりキます。モチベーションやインセンティブのない無給労働は本当にしんどいです。

休日出勤はそれほど酷くありませんでした。通常の時期では多くても月に2回ほど。休日出勤がない月すらありました。休日出勤手当や代休は当然ないので完全無給労働とはなりますが、休日出勤中は途中で抜け出しても咎《とが》められることはありませんでした。

恐怖の飲み会——回れ右！　戻って仕事だ

この事務所では飲み会が頻繁にありました（ほぼ強制）。退社時刻が非常に遅いせいもあり、なんと突発的な飲み会が始まるのは電車組が帰った後の23時過ぎ。そこからみんなで朝まで営業している居酒屋に移動するのです。多くの社員が職場から近い場所に家を借りているのが仇《あだ》となり、電車を気にすることなく延々と朝方まで飲み会が開催されることもありました。

とにかく眠くてつらかった思い出しかありません。4時まで飲んでも次の日は通常通りの出社。突発飲み会が週2度も開催されたときなどはまさに生き地獄！

送別会や歓迎会などのフォーマルな飲み会は普通に19時ごろから始まるものの、ここでも普通の企業では考えられないことが起こります。

21時ごろ、一次会がお開きになり、二次会に行く人はそこからまた飲みに行きます。一方、二次会に行かない人は職場に戻る必要があるのです！　これが慣習となっていました。つまりどちらを選択しても21時に帰宅することは許されません。一番下っ端の私には監視の目があり、そそくさと逃げるのは不可能です。

私はとにかくＦＩＲＥ資金を貯めることを優先していたので、当然毎回職場に戻る派でした。少なくとも二次会のお金は払わなくて済みましたから。

しかし、飲み会後の仕事は雑になるし、どう考えても生産性は皆無でした。それでも「早く家に帰るやつは犯罪者」といったような扱いなので、仕事はそこそこに会社の机で0時か1時になるのを待って帰宅するのです。ここで体力を消耗しないように、私は一次会ではあまり飲まないようにしていました。

救いだったのは、居眠りしてしまっても、みんなある程度寛容だったことです。「それならもう全員帰れよ！」って感じですが。

社内の不文律として「飲み会翌日の遅刻・有休は厳禁。甘え」というのもあったのですが、私はこのルールを犯したことはありません。あの飲み会に心から行きたいと思っていた人が1人でもいたのでしょうか。お酒は余裕のあるときに楽しく飲みたいものです。

とにかく異常な残業時間と異常な飲み会が延々と続くとんでもないブラック職場。でもほとんどの社員はとっくの昔に洗脳されてしまっており、残業こそ正義。会社にいることは正義。業務過多こそ正義。といった感じで自発的に無給残業をしていました。

資産が増えないときこそ「やり続けるべき」こと

ブラック企業で働いて４年、５年が過ぎたころ。20代だった私も、もはやアラサー。年齢らしい楽しみに興じることもなく、時間はひたすら貯蓄と節約と激務に塗りつぶされていきました。

忙しいながらも投資も少しは続け、貯蓄は計画よりもずいぶん前倒しに貯まっていきました。

くわしい記録はないのですが、５年目で１６００万円ほどだった計画を、４、５年目の目標２０００万円に上方修正し、勢いよく前倒しで追いかけていました。まさに絶好調！

市況がよかったこともあり、世間では当時、投資の話題が多かったです。２００５～２００７年ごろの話ですね。為替はＦＸスワップ狙いの円キャリートレード！　ミセス・ワタナベ！　などとずいぶん威勢がよく、普通の主婦が高レバレッジを掛けてバンバン投資していました。株も好調で、テレビも株のニュースが多かったですね。

当の私もなぜかポンド円でFXをやり始めており、まあ完全に調子に乗っていました。もちろん株もやっていました。「8年でアーリーリタイア行けるんじゃないの？　投資しないなんてバカなんか？（笑）」などと、世間をナメた考えを持ち始めていたのもこのころです。

そして、それは突然やってきました。サブプライムローン問題とリーマンショックです。ビックリするほどの勢いで為替と株価が下落。ポンド円を240円ほどの高値でつかんでいた私はあっという間にロスカットされ、それだけで約150万円を失う事態に。持ち株の株価もどんどん下がります。その後、さほど時間もかからずある銘柄は3分の2となり、半分となるものすらあり……顔面蒼白《そうはく》です。見ていた株式投資ブログはことごとく更新が止まり、威勢よく株の話をする者はほとんどいなくなりました。その後も株価はさえず、毎月何十万円もジワジワと傷口が広がり、給料全額でようやく補てんできる状態でした。

私はまだある程度ブレーキを引いていたのでこの程度で済みましたが、大きく張っていた人の中には人生終了したケースもあるのではないでしょうか……。ウソかまことか「中央線や山手線がストップする回数が増えている」と主張する人もいましたね。

一向に増えないお金、人生終わった？

何年も、給料がすべて株式市場に捨てられる生活が続き、資産はずっと1700万～2000万円くらいから増えなくなってしまいました。ゼロにならなかっただけずっとマシなのですが……。

前倒しで進んでいた貯蓄はこのせいで計画よりはるかに遅れ、35歳5000万円の目標は夢物語となりました。FIREのことを考えるのもイヤになっていました。もう無理だ、節約しても焼け石に水だ、このまま一生ブラック企業勤めだ、浮上はない、と思い詰めてどん底の気持ちです。

仕事も相変わらず大変で、自分より下の者が増えたことで年齢並みに責任もでき、相変わらずボロボロで働いておりました。

リーマンショックの真のつらさは、2008年の急激な下落はもちろん、その後も**ずっとどん底状態が続いたこと**でした。「もう何をやってもムダ！　諦めるしかない！　世界は終わった！」みたいな気持ちが続くことになります。

後から振り返ると、ここは絶好の買い場です。けれど、そんなものは振り返って初めて言えること。リアルタイムで大きく買い向かえる人なんてほとんどいないと思います。希望は破壊され、**二度と好景気の時代が来ない気がしてくる**のです。

今、誰もかれもが「株価は右肩上がり」と信じて疑いません。そしてそれはおおむね正しい予測なのかもしれません。当時の私も、こういった理論は十分理解できていたつもりでした。

それでも、どうにもならなかったのです。

・株価が右肩上がりする時代は終わったのではないか……
・たとえ終わっていなくても、自分が生きているうちは下落し続けるのではないか……
・今が底なのかもしれないが、買い増したら下落のダメージも大きくなってしまう……
・毎日、毎月、給料が市場に捨てられるのがつらすぎる……
・早く楽になりたい……。もう、いっそ……

こんな時に、一時的に株価がポコンッ！　と上がる瞬間が来ようものなら、そこで売っちゃうものなのだと思います。私を含めた多くの普通の人たちは。

これを乗り越えて淡々と投資し続けた人は、今大きな富を築いています。そしてそれができなかった投資家の多くは死に絶えました。

これは誰にでも乗り越えられるように見えるのですが、私には超人に思えるのですね。たとえるならば、地上30㎝の平均台歩きと、地上３００ｍに渡された鉄骨渡りの違いです。同じ幅だし同じ長さだし、頭では渡れると完全に理解しています。その能力もあります。理論的には渡れる確率は同じはず。それでも３００ｍだと落ちちゃいそうな気がするって、わかると思います。こんなことばかり言うと「リーマンショックおじさん」とか言われてバカにされるのですけど……。一応伝えておきたいです。

さて、そのようにして私は数年間死人のように魂を失って暮らし、資産はちっとも増えず、ＦＩＲＥの夢も色褪《あ》せつつありました。

おはよう→会社→残業→深夜残業→資産減っていた→おやすみ→おはよう→会社→残業→深夜残業→資産減っていた→おやすみ→おはよう……。この無限ループってつらすぎ！

資産が増えないときこそ大切な「入金力」

やっぱり「年利15%」なんて非現実的な運用計画は、どこかで修正を食らうものです。「投資なんてしなきゃよかった！」と悶絶《もんぜつ》しても後の祭り。精神はしばらく回復しませんでしたが、一つだけよかったことがあります。節約生活だけは継続していたことです。

その結果、何年間も大ダメージを食らいながら悶々《もんもん》としてはいたものの、資産が大きく減少したわけではありませんでした。習慣化した節約生活で入金力が維持され、それを市場に捨て続けることにより、増えないまでも大きな後退はしませんでした。

ここで本当にＦＩＲＥを諦め、残ったお金で散財していたら、今と全然違う人生を歩んでいたでしょうね。

「ド派手な運用で華麗に億り人！」というのはすごくカッコいいですが、凡人はやっぱり**地味に入金力を維持することが大切**なのだと思います。

「アッパーマス層」になるために大切なたった一つの心得

きちんとした記録がないのではっきりしませんが、私が今で言うアッパーマス層（金融資産3000万円）を達成したのは、貯金を始めて9年目のころだったと思います。

達成した瞬間の喜びは記憶にありません。この時も、ものすごく忙しい時期だったため、給料かボーナスが入って「あ。3000万超えているわ」程度のものだったのだろうと思います。

1000万円達成の時もそうでしたが、心理的には貯金ゼロだったころからかなり変わっていました。3000万円は心を守るより強力なバリアとして機能し、もうお金のことで失意のどん底に落ちるようなことはなくなりました。

さらに**3000万円は、一生極貧生活を送る覚悟さえあれば、仕事を辞めてもどうにか暮らせるかも？　と思い始められる額**でした。

ざっくりと計算すると、当時34〜35歳の私が逃げ切るとすれば、だいたい月10万円生活

を送るなら、この時点でＦＩＲＥできたことになります。満足な生活はできませんが「もう耐えられない！」と思ったときは、緊急的にリーンＦＩＲＥ（ギリギリの生活でＦＩＲＥするスタイルのこと）が可能です。目標は５０００万円だったので、無理して退職願を叩きつけることはありませんでしたが、かなりの精神安定剤となっていました。

それに伴って会社でも一つの変化がありました。

上司に対する態度が少し大きくなってきたのです！　少しだけ。言葉には出さないまでも「あんまり酷いことされたら、辞めちゃおう」と心の中で思っていれば、自然と立派な態度になるものです。強気になればナメられにくくなるのもまた事実。少し生きやすくなりました。**アッパーマス層（資産３０００万円）を達成したら間違いなく精神は安定します。**

３０００万円を貯めて、生活の変化は起きたのか？

まったくなし。アッパーマス層達成後も相変わらず「健康で文化的な最低限度の生活**以下**の生活」を続けていました。安定の違憲状態。特に散財することはなく、健康で非文化的な節約生活を淡々と送っていました。

振り返れば少し贅沢をしてもよかったと思うのですが、長い時間をかけてコツコツと小銭を集めて貯め続けたから、もったいなくてなかなか散財できません。もう節約がクセになっていたのですね。

「うおー！　3000万円！」みたいに散財してしまうのは、宝くじや相続、株価の急騰などで、突然大金を手に入れたケースだけのように思えます。散財の速度は、貯めた速度と比例するものなのかもしれません。

マス層脱出のカギは「支出減」！

0円（マス層）から3000万円（アッパーマス層）に増やすまでは、ざっくりとした感覚で恐縮ですが、

・節約と給料によるもの　7〜8割
・投資の利益　2〜3割

といった感じでした。**入ったお金はとにかく使わないこと！**

投資で2〜3割と言っても9年もかかっていますし、途中にはリーマンショックもありました。常に順調に、時に爆発的にお金を増やした印象はありません。**長い時間をかけて、収益や配当が蓄積していった結果**です。

世間には投資で一気に稼ぎ、それをあおるものも多いですが、私は本当にコツコツ蓄積型です。それゆえに、これから蓄財を始める人たちにとっては、私のほうがよいロールモデルになると思っています。再現性が最も高いからです。ただし苦行の道ですが。

この後見ていきますが、おそらく、マス層からアッパーマス層にランクアップするのが最も難しいです。アッパーマス層から準富裕層（5000万円）になるよりも、準富裕層から富裕層（1億円）になるよりも大変だと思います。

しかし、**やってやれないことはありません。**

だって、月給もパッとしないブラック企業勤務の私ですらできたのですから。

ただ、「本当にアッパーマス層になる必要があるのか」を吟味するのは大切です。若い時期に活き金を使うのは、過激な蓄財よりもすばらしいのかもしれない、とも思います。

FX——消えた年収

私の当初の目標は35歳で資産5000万円でした。しかし35歳を目前に3千数百万円しかなかったので、これは諦めていました。最初は順調に進んでいたはずのFIRE貯金計画は、リーマンショックなどで木っ端みじんに瓦解《がかい》してしまったのです。

後からチャートを振り返れば、リーマンショックやその後の低迷期間にしっかりと投資をしていれば、余裕で復帰できたはずでした。しかし、先述の通りそれはなかなかできないことなのですね。大ショックの後で、瞬時に切り替えて体勢を立て直すのがいかに難しいことか……。順調なように見える資産運用も、一つのきっかけですべてが水泡に帰すこともあります。読者様におかれては十分心構えをしておくのがよろしいかと思います。

さて、そういうわけで35歳を過ぎてからは、

「ああ、本当だったら今ごろは退職願を出していたはずなのに」

「まだブラック企業で怒鳴られ続けています。ハハハ……」

と少し落ち込んでいました。しかし、それで何かが解決するわけでもありません。計画より遅れても目標金額に向けて自分で進むしかないわけです。

なので、やけっぱちにはならず淡々と節約生活でお金を貯めていました。30代半ばを過ぎているというのに、相変らず貧乏大学生のような生活です。ただ、節約生活は板についており、それ自体がつらいということはなくなっていました。

仕事は相変わらず大変だし、給料もさほど上がらないし、とにかく早く辞めたいのに……。いつになったら目標達成できるのだろう？　このままズルズルと一生ブラック企業で過ごすことになったらどうしよう……。かなりの焦りを感じていましたが、節約生活が功を奏し37歳ごろには貯金が４０００万円前後に増えていました。

幸せな読者へのお願い

ところで、このくらいの年齢になると結婚して子どもができる友人も現れます。毎日のように赤ちゃんの写真や動画をＬＩＮＥグループなどに送ってくるのですね。そういう普通の人生がとても輝かしいものに見えました。意固地になって貯金に特化する修羅の道を進んだまではよいものの、その進捗は大きく遅れています。もしかしたらすべての選択が間違っていたのではないか、今からでも普通のルートに戻ったほうがよいのではないか、とグルグル考えたこともありました。

そんな気持ちに陥《おちい》っていた私。**あろうことか一気に5000万円まで資産を増やそうと思ってしまったのです**。「まともな人生の人たちに負けたくないいんや！　赤ちゃんの写真の代わりにＦＩＲＥ達成の報告を送り返したいんや！」と。**分野が全然違うのに張り合うなんて愚かなことです**。

関係ないですが、独身者に向けて赤ちゃんの写真や動画を毎日のように送るのはやめましょう。その人の不安をあおります。

4000万円を5000万円に増やすには？

さて、元手の4000万円を5000万円に増やすには、25%の収益を得ればよいです。極端な話をすれば、期待値としては80%の確率で勝てるルーレットに全額を賭けて、それで勝利すれば達成。このくらいのリスク感覚。いけるのではないか!?

現実的には全額を一気に投じて all or nothing のリスクを負えるわけがないのですが、

図 19

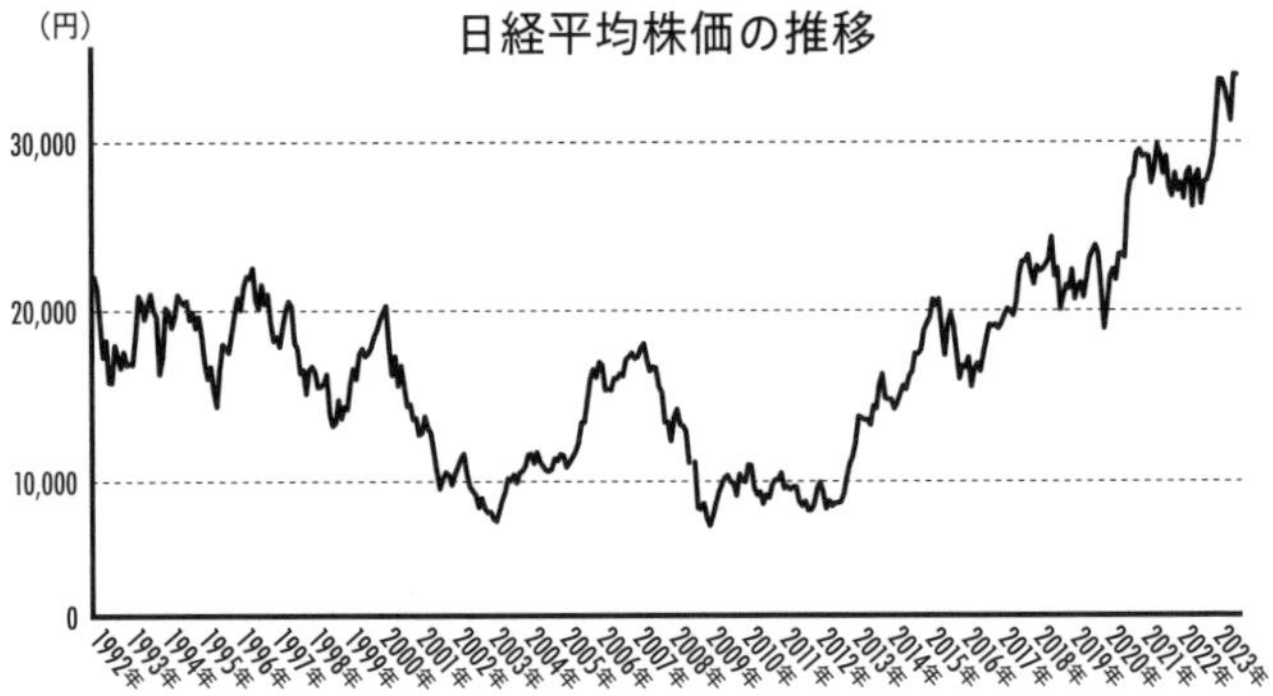

とにかくもっとリスクを取って早く５０００万円に到達しようと思ったわけです。

２０１５年ごろの話ですから、振り返ると株式の買い付けタイミングとしては悪くありませんでした。実際にこの時期くらいから株を始めてあっという間に億り人となった方も多くいらっしゃいます。

上図のとおり、株価は基本的にずっと右肩上がりですね。しかし、当時の私はこう思ってしまったのです。リーマン底の１万円より２倍くらい高いなあ……。買ってからまた元に戻ったら最悪だよな……と。チャートだけを見るとこの気持ちをおそらくわかってもらえると思います。

そして「株はダメだ！　私は出遅れた！」と考えました。アホです。バカです。後悔しています。もしこの時にまじめに株をやっていたら……。せせこましい節約などバカらしくなるくらいの利益を得て、左うちわでＦＩＲＥ生活を送っていたのかもしれません。

ＦＸで陥った「絶望のルーティン」

株以外の何かはないかということで、あろうことか私は新興国の高金利通貨に投資することにしました。国名は伏せますが、10％、15％といった超高金利がつく通貨がいくつもあったのですね。ちなみに、今もあります。

しかし、こういう国の高金利には当然裏があります。たとえば、インフレや経済不安定で通貨価値が目減りしていく運命にあります。そういうこともよくわかっていたつもりなのですが、ついつい神様に祈りながら大きく買ってしまったのです。

「どうか1年か2年だけ安定していてください……。為替差益はいりません！　上がらなくていいです！　金利だけで結構です！　そのあとはどうなってもいいです！」と。またＦＸに手を出してしまうとは……。

株本を１００冊も読んで勉強した知識はどこにいってしまったのでしょうか。バカなんですか。

とはいえ、最初はうまくいきました。毎日何千円もスワップ金利が入ってきて、為替差益すら得られる局面もあったのです。百万円単位の含み益が出て調子に乗っていました。「株より全然いいじゃないか！　これで5000万円達成が早まる！　そうだ、早期退職後の利回り5％目標も新興国でいこう！　やっぱり為替だよ！」と、ノリノリです。

しかし、そんな幸せは長く続きませんでした。

保有した通貨は日に日に安くなっていきます。毎朝為替レートを見るのが憂《ゆう》うつになっていきました。含み益はあっという間に消滅し、スワップ金利ではとても賄《まかな》えないような速度で損失が膨らんでいきます。

おはよう↓絶望↓会社↓おやすみ↓おはよう↓絶望↓会社↓おやすみ↓おはよう↓少し回復している!!↓会社↓おやすみ↓おはよう↓大絶望

このルーティンが数年続きました……。

かたや、株のほうは景気のいい話ばかり。昔から持っていた株は勢いよく上昇してはいたものの、為替の損失に比べればいまいちです。毎日後悔していました。涙ぐましい節約で貯めたお金も毎月の給料もすべて吹き飛んでいきます。リーマンショックの時と同じですね。１人リーマンショック状態です。

ここまで下がったから、もう大丈夫なはず……という心理で損切りも遅れ、ズルズルと損失が広がっていきました。

８００万円失った「愚かな自分」への手紙

そしてとある日、ついに心が折れ、すべて損切りすることに。

結果的には７００万～８００万円ほど失ったと思います。そして私は自分に向けた反省文を書きました。２０１５年９月７日のことです。大まかな中身は、

・気分が最悪だが今後の人生のために記録を残す
・本日ＦＸで４００万円損切りした（この日までに何度か行っており、累計はもっと多い）
・夜中も土日も気の休まる時がなかった。お金は失ったがなぜかホッとしている
・計画の遅れを取り戻すためにＦＸをやって、さらに遅らせてしまった。相場を張るのは

もうやめる。損金は勉強料・方針修正料として受け入れる
・投資したいなら十分に安定と根拠のあるものにすること
・やけにならず節約を続ける。地道に続ければ遅くても達成できる。スピードより確実性
・リタイア後の運用計画の年利5％は、1％に修正する
・資産5000万円、年利1％では生活できないので、目標金額をおおむね8000万円に上方修正するべきか。目標達成はおおむね45歳の3月末までとしたい
・その日までの7年半、2760日間、節約生活の中に楽しみを見つけて過ごす

といったことが書いてあります。その他にも大量の会社への恨みつらみが書かれていますがそちらは割愛いたします。（笑）

あつものに懲《こ》りてなますを吹くというか、私はここで極度の防御態勢に切り替わりました。もともと防御的でしたが、一時の気の迷いでアホな投資をしたことを反省し、ガチガチの防御スタイルが確立しました。この精神が今まで続いています。

さらに、それに伴いここで目標金額を上方修正しました。**5％で運用する自信を完全に失い、目標利回りを1％まで落としています**。これがよかったのかどうなのかわかりませ

んが、**この方針を忠実に守り今に至っています**。

また、この反省文には「45歳以降はリタイアして年間300万円生活に入ってもよいし、リタイアを切り札として、給料をすべて消費する生活に入ってもよい」という指針も書いてあります。

絶対に仕事を辞めたい「絶対仕事辞めるマン」としては前者を選択したいですが、**FIREを切り札として温存するのも、すごく生きやすい方法**だと思います。

そういうわけで、私はアホな為替取引ですっ転び、さらに大きく後れを取ったものの、再び歩き始めることにいたしました。

結婚か？ＦＩＲＥか？

資産４０００万円程度でウダウダしていたころに、結婚をしようとしたことがありました。「結婚とＦＩＲＥ」についてのお話です。

フルＦＩＲＥ修行は、とても難易度が高い修羅の道。ある意味人生の一大事業です。人生に多大な影響を及ぼし、時に家族構成も左右します。

個人的見解ではありますが、子どもがいないケースならばＦＩＲＥが簡単な順に、強めの共働き→独身→弱めの共働き→専業主婦家庭という感じになるのではないかと思います。

夫妻がそれぞれ同じくらいの稼ぎがあるなら、独身より共働きのほうが絶対早いですよね。家賃や食費が折半で合理化されるし、夫婦で同じ方向を向いてＦＩＲＥを目指せば最強です。２人の考えが一致していれば、独身者の１・５倍くらい強いと思います。

他方、子どもがいると養育費やもろもろの時間的拘束が発生するのは事実で、ＦＩＲＥの難易度は段違いに上がります。

就職活動の時に、某企業の説明会で聞いた、社員さんの言葉がすごく頭に残っています。

「就職先は人生を大きく左右するので、よく考えてがんばってください。あ、でも結婚のほうが左右するかな。ハハハ……。ハァ」

ジョークだったのか、彼の家庭に何があったのかは存じませんが、その時は「2つともミスってはならない」と思ったものです。

私は1つ目の選択、すなわち就職先を大きくミスり、特に給料が高いわけでもないブラック企業でヘロヘロになりながら働いてきたわけです。ただ、「独身」というゲタを履くことで、効率よくＦＩＲＥ蓄財を進めた面があるのは事実です。とにかくブラック企業から逃げ出すことが第一義、まともに結婚することなど後回し。さまざまなものを切り捨てて特化していたのですね。

しかし、人生長く生きていれば恋愛沙汰や結婚話の1つや2つはあるもので……。

お父さん早く死ねばいいのに——家族の話

実のところ私は、幼少期にあまりいい家庭で育っていないのです。両親の離婚はなかったものの、母がちょっと変わり者でひたすら「お父さん早く死ねばいいのにね〜。そしたら家のローンがなくなるんだよ〜」などと父の悪口を吹聴《ふいちょう》しているような環境でした。

なぜ父がこんなに嫌われていたのかはわかりませんが、母の精神状態は常に不安定だったように感じます。さらには母の機嫌によっては私と弟は毎日のようにボコボコに殴られ、数日にわたる飯抜きや完全無視なども多かったのです。

幼少期の家庭がこういった状態だったので、私は「家庭」というものにはあまりいい印象がありませんでした。結婚しても、どうせ家族に虐《しいた》げられる。陰《かげ》で「ローン免除のために死ね！　できれば労災で死ね！」とか言われるのだろうな……。などと子どもながらに思っていました。


もちろん、成長するにしたがって「どうやらうちは普通ではないぞ?」と気づき、考えは変わったものの、最初に心に染み付いたイメージはなかなか完全に払拭できません。

時を経て、私もたまに彼女ができたりするようになりました。楽しく付き合っていたのですが、長く関係が続いていると、結婚のことも当然頭をよぎります。しかしここで頭に浮かぶ。過去のあしき家庭のイメージが……。

円満な家庭像はテレビや映画で見て知っているし、彼女の家も普通なので、「うまくやっていけるのではないか？」と思いはするものの、どうにも疑ってしまうのです。結婚してからこの人が豹変《ひょうへん》したらどうしよう、母上のようになってしまったらどうしよう、と。もしくは、自分がそうなるのかも、とか。

　こうやって腰が引けている私は、積極的に結婚の方向へ突っ込んでいくことはありませんでした。ましてやＦＩＲＥ修行を始めてからは、金銭的にも独身のほうが圧倒的に有利なので、とにかく自分の身だけを守るようになっていったのです。

　そうして孤独にＦＩＲＥへの道をひたすら歩んでいたのですが、まあ悪いことばかりでもないのですね。壮大な野望に向かって猛進するなんて、家族と話し合って納得し合うのは難しいと思うのです。もちろん他者の意見がないため、とんでもない方向にすっ飛ぶこともありますが、アクセルベタ踏みで進めるのは独身の強みです。

　また、私は孤独耐性が強いタイプで、１人でいても全然苦になりません。世間ではよく「若いうちはいいけどね。40過ぎて独身だと急にキツくなるぞ～」のような言説を聞きますが、執筆時点46歳の今でも一向にその気配はなく……。意外と快適なんですね。もちろん人と過ごしているときも楽しいのですが、「お疲れさまでした～」と別れて１人になった瞬間にホッとしてしまいます。ここも個人差が大きいんでしょうね。

さよならAさん

話が横にそれましたが、こんな私でも「結婚するか！」となった時があります。

30代後半ごろから付き合っていた、Aさんという彼女がいました。私にはもったいないような美人で、明るい人でした。他人と1日以上過ごすと息苦しくなって逃亡を試《こころ》みる私でも、どういうわけかその方とは、数日一緒にいても苦にならず楽しく過ごせたものです。

ただ、私はAさんにはFIRE蓄財のことや会社を辞めたいことをずっと隠していました。4000万〜5000万円ほど持っていたころですが、彼女にはドケチで貧乏すぎる彼氏だと思われていたと思います。

お金はあまり使わないながらも、たまには旅行をしたり東京ディズニーランドに行ったり、近所で買い物をしたり、食事を作って適当に過ごしていました。まあ見た目は普通のカップルです。

「FIREのことはいつか言えばいいか……」とそのままにして数年が過ぎました。

そして、ある日のAさん宅。「ところでさ〜、あんた結婚とかちゃんと考えているの？」

と言われました。私は「Aさんなら大丈夫かな～」と思っていたので、「お～、考えてる、考えてる」と答えました。こうなってはそろそろ話さねばなりません。そう。わが早期退職計画、壮大で自由な夢のことを……。

私「でも、じ、実は隠していたことがあり……」

A「えっ　何？　なんでも言ってね」

私「俺、会社辞めたいんだよ～。今すぐというわけじゃないんだけど、実はそのためにめっちゃ貯金していて、５０００万円くらい持っているのよ。40代半ばくらいには退職金入れたら８０００万円くらいになるかも。そしたら晴れてニートになろうかと！」

私は、Aさんが許してくれると思っていました。しかし急に顔が曇りだし……。

A「はあ？　あんた無職になるの!?　それ絶対無理だわ」

私「い、いや……。これは普通の無職ではなく……」

私はとくとくと説明しました。いわゆる普通の無職とは話が違うんだぞと。それでもなんか納得いかないご様子。そして、長い長いプレゼンテーションが始まります。

私「よいか。仮に45歳で資産8000万円とすれば、その後の金銭的心配はないはず。もともと俺のことを貯金ゼロと思っていただろ？　その場合、そこから60歳まで働き、毎年手取り533万円もらって初めて8000万円に至るわけだ。533×15だから。これはサラリーマンとしてもそこそこ上出来な水準。これがAちゃんの望む状況。わかりますね。今、既にそれとほぼ同じ状況にあることが。無職は無職だが、もう働くかどうかの問題ではない。無職のカテゴリーが違うのです。Aちゃんは、意に反して職を失った無職をイメージしているはずだ。しかしそれは違う。強いて言えばすでに労働を全うしたハイレベル無職と解釈すべきだ！　それがFIREなんだよ！」

A「**関係ねえ。働け**」

私「ううう……」

彼女は金融やFIREにまったく興味がなく、金の使い方もかなりどんぶり勘定です。正直なところ、私の計算やプランを理解していたのかもよくわかりません。とにかく、「無職の夫を持つのは絶対イヤ！　仕事を辞めるなど言語道断！　働き続けてほしい！」という主張でした。

私「おちつけ。じゃあシンプルに言うぞ。働くって普通お金のためだよね？」

Ａ「まあね」

私「そこをクリアして辞めたらダメなのかい？」

Ａ「ダメだよ！」

私「会社だけが人生ではないのだぞ？」

Ａ「もーー！　○×△☆♯♭●□無職▲★※!!」

もともと頑固な彼女のことです。この状態になるとどうにもできません。かといってこちらも長年ＦＩＲＥに向けて蓄積をしてきた身。そう簡単に折れるわけにはまいりません。せっかくがんばってリタイア資金を貯めたのに、この先定年までブラック企業で働くなんて考えただけでも私はめまいがします！　というかその場合この貯金は何に使うんですか……。私は貯金で自由時間を買いたいだけなのです、と。

A「プイッ」

かくして話は平行線となり、いったん棚上げとなりました。

そして1か月ほどたったある日のことです。Aさんから電話がありました。お前は本当に会社を辞めるのか。そんなの私はいやだぞ。結婚するか退職するのかどっちなのよ、と問い詰められました。

一瞬ひるみました。もう結婚して一生社畜として働くのもありかなと……。「どうしてもダメなら離婚すればいいかな」とも思ったのですが、頭にちらつくのは過酷なＦＩＲＥ修行の修羅の日々、厳しい労働の日々、そして幼少期の記憶です。こっちも一歩も引くわけにはいかぬ。このボタンだけは気軽に押してはならぬ。そして……。

私「アーリーリタイアが……したいです……」

A「そう……」

かくしてこの重大な方向性の違いにより、我々は解散する運びとなりました。

はたして、どちらの選択が正しかったかは、わかりません。

勢いで結婚しても、意外と楽しく暮らしていたような気もします。はたまた、労働に打ちのめされても、妻に退職の許可がもらえず、鬱屈《うっくつ》した結婚生活を送っていたような気もします。財産のことも公言してしまったので、お金を取り上げられて、すべて消滅した可能性もあり……。

そして、あの時私がしたことは、価値観の選択だったのだと思っています。まっとうに働くこと自体を美徳とする従来の価値観か、ＦＩＲＥに代表されるような新しい労働様式を認める価値観か。

私は後者に向かって突き進みましたが、「自分が絶対に正しい」とは思いきれないところがあります。

冒頭に書いた就職説明会の社員さんの言葉が頭にリピートしますね。

「就職先は人生を大きく左右するのでよく考えてがんばってください。あ、でも結婚のほうが左右するかな。ハハハ……。ハァ」

ハァ。

ふつうの会社員でも、15年で「準富裕層」になれた！

時は流れ、2003年の入社日に、ブラックな職場を目の当たりにして私が立てた壮大な目標。「資産5000万円」を達成した時のことです。

先述したように、この時点では目標金額は5000万円より上方修正されていましたが、やはり当初目標を達成したのは大きな節目でした。

この途方もない金額は、普通の家庭に生まれて特殊な才能もないならば、めちゃくちゃがんばらないと達成できません。私には生まれ持った資産も才能もなかったため、まさに血を吐く思いで生活して、ようやく達成したわけです。

貯金を心に決めてからは、すべてをそれに集中させ、時には覚悟の首つりロープを作り、時には謎の段ボール偽札束を作り……（後述）。ブラック企業でフラフラになりながらもめげずに納豆ご飯で過ごし、拾える小銭はすべて拾い、消費も圧倒的に絞り……。そんな非常に強い思いで突き進みましたから、達成した時の感慨もひとしおです。

涙ぐましい努力を続ければ、亀の歩みでもいつかは目標達成する時が来るんですね。

その日のことは、はっきり覚えています。２０１７年12月。ボーナスをもらって５０００万円を突破。**貯金を決意した入社日からは、14年と8か月も経過していました**。目標は「10年で達成」だったので、５年近く遅延したことになります。

この日は出張中だったため、出先でスマホを使ってボーナス振込額を見て、確かに全財産が５００４万円になったことを確認しました。

もちろん、ざっくりとしたボーナス額はわかっていたので、事前に予測はしていました。ですが、端数がたったの４万円であることからもわかるように、超えるかどうかは結構ギリギリ微妙だったんです。

そしてこの瞬間に突然ボルテージが上がってしまった私は、突発的に近くにあった土産物店に入り、なぜか謎の亀の置物を買いました。（笑）

「本当に亀のように進んできたよなあ」と思ったからです。私のブログやXのアイコンが亀なのもそのせいです。

そして、記念として亀のおなかに「２０１７年12月某日　５０００万円達成」と油性ペンで書き込みました。

この亀ちゃんは、なかなか独特のいい顔をしているので写真で紹介したいのですが……。職場の机にこっそりとお守り&精神安定剤代わりに置いていた時期があったため、非公開にしております。

目標を立てたときに25歳だった私は、5000万円と引き換えに40歳になっていました。ずいぶん年を取ったと思いましたね。40歳なんてまだ若いんですが。20代、30代を犠牲にして、目標金額を手にしたわけです。だから「40代以降は棒に振らないように生きていこう!」なども思いました。実際はそれ以降も似たような蓄財生活を続けることになるのですが。

「残高5000万円」の圧倒的メリット

達成してしばらくは、めちゃくちゃテンション高かったです。

「15年越しでついにやり遂げた!」

「ブラック企業から逃げずに勝てた!」

「その気になればリタイアできる!」

といったように。

貯蓄目標は上方修正したので、相変わらず同じブラック企業に勤め続けることにはなるのですが、準富裕層に到達し、メンタル的にちょっとだけ無敵になりました。

理不尽なことをされても心の中では「あっそ。いつでも辞めてやるわい」と言い返すことができます。怒られて泣いていたことも多いですし、すぐさま退職願を叩きつけたわけでもありませんが、精神的支柱に完全に寄りかかれるようになりました。

さて、このころには私にとっては当初の資産運用計画である、

「５０００万円を５％で運用して年２５０万円。月20万円を使い、一生暮らす」

ことはリスクが高く、実現が難しいと感じていました。５％の部分が問題です。景気が後退したら、必ず精神不安を引き起こすはず。

ただ「誰もが絶対に無理だ」とは思いません。実際にこのくらいの利率でＦＩＲＥ計画を立てている方も大勢おられます。これまでの統計上、株式の益利回りがこの程度とされていることからも、完全否定すべきものではないでしょう。精神を十分に安定させられれば実現可能だと思います。

他方、取り崩し型という考え方もあります。

40歳で初期資金5000万円を取り崩して使えば、どうにかリタイアできる計算にはなります。年金やマイルドな1%運用を含めると、85歳まで月に17・5万円ほど使えます。昨今のインフレを加味すれば、概ね消費者物価指数+1%ほどは必要でしょうが。

もちろん17万5000円では贅沢な生活はできません。家族を持つとさらに苦しいことになるでしょう。しかし手取り17万円なら、新卒の初任給くらいはあるわけです。生活できないはずがありません。ちなみに、私がアーリーリタイアを決意した当時の給料は、これに毛が生えた程度でした。そういう意味もあって、

「**準富裕層達成=アーリーリタイア権ゲット（※ただし独身の場合）**」

と公言しても大丈夫だと感じました。

1000万円や3000万円の時は、その資金を「緊急脱出ゲート」と認識していましたが、5000万円くらいからは「開かれた出口」と認識するようになりました。

いやはや、長い道のりでしたが心はずいぶん軽くなりました。

それでも、生活の変化はほとんどありませんでした。

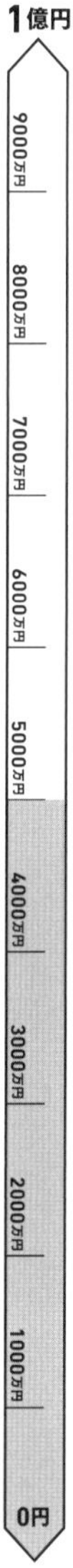

むしろ、一時的にでも資産5000万円を下回らせたくなくて、節約傾向は強くなりました。でも、少しだけお金持ちっぽい考え方？　というか真人間っぽい考え方にシフトしたような気もします。

それまでは消費のすべてに最安値を追い求めていたのですが、アーリーリタイアがかなり具体的に見えてきたためなのか、「良質なものを買い、一生使えるように大切に使う」という消費スタイルになってきました。これは私にとってはかなりの変化です。

たとえば、

・これから何千回も使うであろう包丁
・リタイア後の長旅にずっと付き合ってくれそうな、スーツケース
・ひたすら使う、パソコンやキーボード

辺りは、いいものを買いそろえました。もちろんいたずらにお金が減るのは嫌なので、**必要性はかなり吟味します。ムダなものは10円であっても一切買いません。**

「5000万円達成」に大切な2つの教訓

3000万円から5000万円までの蓄財には約6年かかっています。これは想定より相当遅いペースでした。4000万円時点で焦り、高リスク投資をして失敗したからですね。リーマンショックも含めて2度ほど大ダメージを受け、歩みが止まりました。

やはり**倹約による入金力の確保と、低リスクで安定した投資にすべき**です。遠回りに見えても焦らず毎日コツコツと進みましょう。「もしこの損失がなければ、少なくとも数年は前倒しで達成していたのに」と思うと今でも悔しいです。

というわけで、アッパーマス層（3000万円）から準富裕層（5000万円）までで増えた2000万円の収入内訳はざっくりと次のようになります。

投資損失　マイナス800万円
給料・節約・セコい稼ぎ　2600万円
防衛的な投資による収益　200万円

教訓：焦って根拠のないハイリスク投資をすると地獄を見る

準富裕層達成のまとめ

・ブラックサラリーマンでも死ぬ気でやればゼロから15年で達成可能
・精神的にはすごく楽になり、資産の認識が「緊急脱出ゲート」から「開かれた出口」へ
・途中で焦ってハイリスク投資に手を出して大損失、後戻り
・消費に対する考えや行動がなんか少し金持ちっぽくなった？
・5000万円から資産を減らしたくないので、節約傾向はむしろ強まった

5000万円が貯まって、ほんのりと少しだけ、幸せになれた気がしました。

「億り人におれはなる！」1億円への挑戦

先にも少し書きましたが、私の目標貯金額は数回上方修正されています。最初は５０００万円だった目標が、最終的には1億円になっています。自ら動かしたゴールポストについて、その顚末《てんまつ》を書いていこうと思います。

1度目の上方修正は既に書いた通り、新興国通貨投資で大ダメージを負った時でした。投資で痛手を受けたので、当初の計画の現実性に疑問を感じての修正です。ＦＩＲＥ後の戦略は完全な金利生活型から取り崩し型に変更し、それでも足りそうにない分は目標金額を上積みしました。

取り崩し型に移行すると、寿命を想定しなければなりません。平均寿命から85歳と仮定し、新たな目標金額を８０００万円へと引き上げました。また、退職後の想定生活費も２５０万円（／年）から３００万円（／年）へ。年をとってちょっと贅沢の欲が出たのだと思います。

これに、65歳から支給されるであろう年１２０万円の年金を加算すると、85歳の時点で

スッキリと0円になる計算です。そういうわけで5000万円達成後も、この新たな目標に向かって相変わらずの過激節約で蓄財しておりました。このころ、退職金については、自己都合なら約500万円、早期退職（会社都合）なら約1500万円と想定していました。6500万円ほど貯め、うまく会社の早期退職募集に乗れればいいな、という算段。

ところが、だんだんと不安になってきました。年300万円の生活費は十分だとして、問題は想定寿命です。

話は少しそれますが、「独身男性の死亡年齢中央値は67歳」なる主張が、世間の一部で騒がれたことがありました。

一瞬ビックリするようなデータですね（170ページ図20）。このデータに見られる差をよく検証すると、1980年ごろから始まった晩婚化傾向・未婚化傾向への変化による影響が大きいように見えます。つまり、実際は独身者が67歳前後でバタバタと死んでいくわけではありません。仮にこの主張が正しければ、独身者と既婚者で生命保険料を相当変えなければなりませんが、そうはなっていないことからもわかると思います。

この67歳死亡説の真偽はともかくとして、金銭面だけなら、早世する分には構わないの

図20 男女配偶関係・死亡年齢別の構成比（部分）

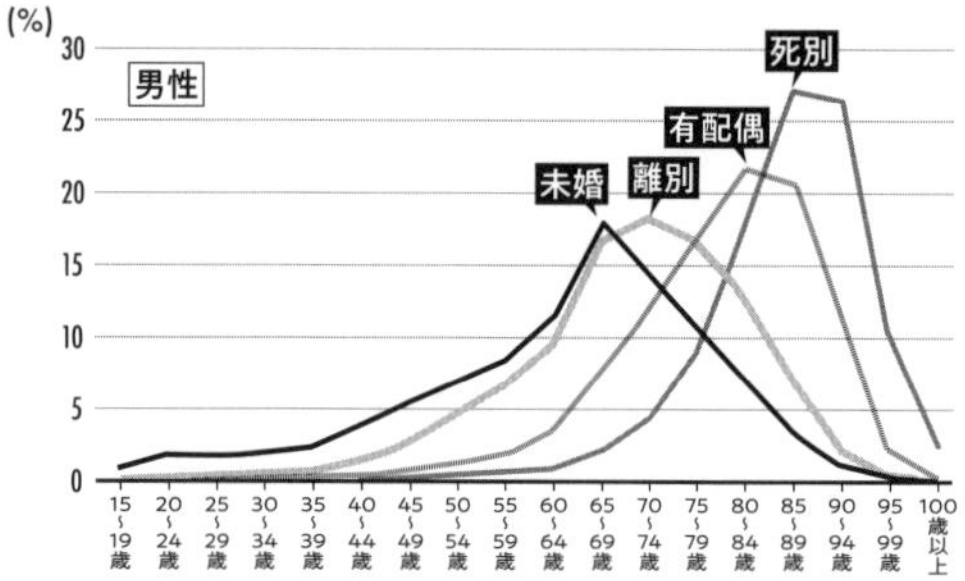

出典：荒川和久「独身か有配偶かで異なる男女の『人生』の長さ」、東洋経済ONLINE, https://toyokeizai.net/articles/-/333980?page=2, 2024年1月9日最終閲覧より男性のグラフのみを抜粋

です。私にとってのリスクは、想定外に長生きするケースだからです。

そして、このころからやたらと「人生１００年時代」が騒がれるようになってきました。定年延長や年金削減を狙う政府プロパガンダだと頭ではわかってはいても、繰り返し言われると不安になるものです。

85歳より長生きするのではないか……。この年でお金が尽きたら、自分は１００歳までの15年間、橋の下でホームレスとして暮らすのだろうか。年金だけでは暮らせない状況になっているのだろう。

客観的には「もう割り切ってＦＩＲＥしろよ！」とも思えるような話ですが、不安は不安。そして、想定寿命を99歳、目標金額を９５００万円へと上方修正しました。ＦＩＲＥ計画にはいろいろと不確定要素がありますが、この寿命の見積もりが一番厄介ですね。

「９５００万円ホルダー」か「１億円ホルダー」か

その後しばらくは９５００万円を目指して修行していました。しかし、またもや上方修正をしています。２０２０年２月９日のことです。

世間には「株で１億円！」「老後に必要なのは１億円だ！」といった「１億円」の広告、釣り文句があふれています。

本書のタイトルにも「１億円」が入っているのですが、昔はこの数字には意味がないと思っていたんです。キリのいい１億円にこだわらず、目標値や必要額は将来予測からの逆算で求めるべきである、と。９５００万円という目標も、必要金額と想定寿命から逆算した数値です。

しかし、５０００万円達成の時にものすごく喜びを感じ、資産が６６００万円近くなった時も「もう少しがんばれば、億り人のちょうど３分の２！」ということを考えていました。

やはりキリのいい「１億円」というのは何かを象徴する数値である気がしてきたのです。

もう一つ。普段、数値をイメージするときに、私たちは最大桁で判断していると思うのです。値付けで298円とか1980円が多いのは、このためでしょう。

同様に、自分自身の資産評価も、数値の最大桁でアンカリングされるわけです。そのとき、中途半端な数値だと、わずかに自己評価が低くなってしまうかもしれないと感じました。

実態はほぼ変わりません。しかし、頭の中では無意識に「9000万円台」へと切り下げて自己評価してしまう気がしました。

アーリーリタイアの最終目的は「ストレスからの解放」ですから、わずかなストレスの原因でも排除しておきたい。そうしないと、長いリタイア生活の中で、心に小さなトゲが刺さったままになる気がしたのです。「ああ、私は一度も億り人にはなれなかったのだ、富裕層には到達できなかったのだ」と。

そんな思いもあって、目標を1億円に上方修正。どうせなら億ろうではないか！

絶対1億円貯めるマン

これまでの目標値9500万円は、生き残るために必要なお金を逆算したものでした。何度も何度も計算し、まさにこのラインがブラック企業から絶対安全に離脱できる額だと考えていたのです。これ自体には変化はありません。

最後に追加した500万円は自分自身の見えのためのお金。これは余分なお金だから、人生の贅肉のような、不必要なお金ですね。

でも、これが500万円以上の幸せをもたらしてくれるんじゃないか。年を取っても「今、金は減ったが、ワシはかつて億り人だったのじゃ！」と堂々と言えるではないか。それに、『1億円貯めた氷河期世代のはなし』みたいなタイトルで、怪しい本を執筆できるかもしれないし……。

本や商材で「1億円を稼いだ！」という宣伝文句を書くなら、9500万円を盛って1億円と言っても問題ないのでしょう。四捨五入すれば、完全なウソでもありません。でも、真実を知っている自分自身へはウソをつくことができません。確実に、ストレスになるはずです。胸を張って「富裕層、1億円を達成した」と感じてみたい。9500万円にするくらいなら1億円でしょう！

そんなことがきっかけで、私は絶対1億円貯めるマンになりました。

そのかわり目標は遠のき、ブラック企業勤務期間も延びますが、それは仕方ありません。蓄財活動に、仕事からの逃亡以外の要素が入りました。生き延びるためだけではなく、満足した金額の向こう側を見てみたい。こんなことを言い出すと「1億なんて少ないよ！」とバカにされ、上を見るとキリはないですが、私は桁替わりの時点で終了。

その後は、お金という曇ったフィルターを通さずに世の中を見てみたいな、と思っていました。

そして、私のＦＩＲＥ修行道はこの日に「**億の細道**」になりました。これを歩む理由は９５００万円、すなわち95％は生きるため。５％はわが道のため。達成まで絶対に修行をやめないことにいたしました。

5000万円が「たった6年」で1億円になったワケ

資産5000万円の準富裕層達成から1億円貯まるまでの、お金の話です。

一気に5000万円分の話で、「執筆に疲れたか？」とお思いかもしれませんが、違います。この辺りからお金があまり手をかけなくても増えるようになったからなんです。

入社日の0円から5000万円に増やすのには、14年と9か月を要しました。全力投球、全力節約をし、リーマンショックやアホなFX投資にダメージを受けながら、命からがらたどり着いたという感じでした。

それに対して**後半の5000万円は、たった6年数か月**。実に前半の倍速以上で増えています。

これにはさまざま原因があります。

運用資産が大きくなっていたこと

これはよくいわれる、複利効果です。いわゆる雪だるま式ってやつですね。資産運用でお金が増える(かもしれない)といっても、元手がないと何も始まらないのは事実です。後半の5000万円はすでに5000万円を持った状態からのスタートなので、素寒貧《すかんぴん》から始めた前半戦とは条件が全然違います。もちろん元手が大きいと、損するときの損失も大きいのですが、基本的には蓄財は元手があればあるほど有利です。得られた資産収益を再投資すれば、さらに**金が金を呼ぶ状況**になることも。

私はそこまで大きく株を買っていたわけではないですが、それ以外の比較的安全な投資があります。たとえば手元に1000万円あれば、ほぼノーリスクで数万円相当の利益が得られる、という金融商品はあるんです。相場で華麗に立ち回るよりは、資金力で強引に押しつぶしていく戦い方です。IPO(新規上場株式)においても、資金力で強引に当選を狙える証券会社もあります。

収益機会を見つければ数千万円を機動的に投資してリターンを得られるというのは、前半戦にはなかった強みです。

「では、いくら以上あれば資産効果が表れるのか?」というのはナンセンスな問いです。

指数関数は滑《なめ》らかかつ自己相似で上昇していくので、特異点はありません。強いて言えば、1000万円程度で、ちょっとは感じられるようになるかもしれません。

年功序列による給料の上昇

これも結構効きます。ブラック企業とはいえ、年功序列で毎年給料は少しずつ上がっていました。これまで、ネット上で会社の悪口を世界中に吹聴してきましたが、表向きは極めてまじめなサラリーマンです。血を吐きながらもまじめに働いていれば昇格もあり、新卒の時よりは給料は倍くらいに。

月の手取りが10万円増えても生活を変えなければ、6年間で720万円も蓄積が違ってきます。ボーナスへの影響も考えればもっと大きいでしょう。もちろん、手当もすべて貯金です。

やはり、**蓄財の基礎は安定した入金力**。好待遇の企業でまじめに働くことが圧倒的に蓄財スピードに影響すると思います。就活生は肝に銘じましょう。

まあ、好待遇のホワイト企業に勤めているならＦＩＲＥなんて目指す必要はないかもしれませんが。

運用ノウハウ、ポイ活ノウハウの蓄積

株式投資を中心にかなり勉強をしていましたが、長く投資の世界にいるといろいろな変化球も覚えるものです。

長い修行を経て、リスクを抑えながら行う裁定取引や、少額ながらも株より圧倒的に収益率が高いポイ活などについての知識が蓄積していました（これらは次の章で紹介します）。それらの情報を収集するスキルもあわせて伸びました。情報感度の高さはそれなりの差を生みます。

資金力・入金力の向上に加えて、こういう技術研鑽《けんさん》はバカにできません。重要なのは資金と技術と情報。経営もＦＩＲＥ修行も同じではないでしょうか。

株価の大きな上昇局面

いわゆる地合です。「億の細道」後半戦は、おおむね２０１７年から２０２４年にかけてですが、この時期は非常に強い株の上昇局面でした。株に大きくリスクオンしていた人は爆発的な勢いで資金を増やし、世間に億り人が量産されたのもこの時期です。それに伴って世間にＦＩＲＥブームが起こりました。「こっちは20年やっているのよ！」と思う

私をよそに、後進にどんどん資産を追い抜かれていくのは悲しかったです。

私は安全を重視し、現金比率が非常に高いので、株による増加は緩やかでした。それでも、1000万~2000万円程度は株を持っています。すると、なんだかんだで百万単位の収益になります。コロナ禍による株価の暴落の大底で買った株やインヴィジブル投資法人、ジャパンホテルリートといったリート銘柄も、資産増加に貢献しています。暴落局面で機動的な資金があると利益を拾いやすいですね。

大きな損失を避けていたこと

これは、非常に重要なことです。結果的にはもっとリスクを取るべきでしたが、蓄財スタイルとしては間違っていなかったと思います。精神弱めですので……。

前半戦では投資でメタメタにやられ、数年分も後戻りしたこともあり、効率の悪い蓄財でした。それを機に**防御的なスタイルとなり、資産は安定して伸びていきました**。後半戦では危険な投資に手を出すことはなく、ほぼ一直線に資産が伸びていきました。

安全性と、コツコツ貯金が一番です。

だって、たった一つの判断の誤りが数年の損失になることは痛いほど知っていますから……。**過度なリスクを取らなければ、スピードは落ちても着実に目標に近づきます。**

これだけはとても気をつけていました。

給料や収益力が上がっても超節約生活を継続したこと

最も重要なことだったかもしれません！　そしてこれこそが、私のアイデンティティ。

ここまで書いたように、入金力や投資収入でかなりのお金は入ってくるようになったんです。しかしここで「ちょっとくらい贅沢しよう」などとやっていたら、なし崩し的に入金力は低下し、ラットレースにはまっていたかもしれません。

「1億円に達しなければ、9999万円でも全部切り捨て！　資産0円！」とばかりに目標を墨守し、折れない心で極貧生活に耐え続けました。

生活費実質0円生活

そして、ポイ活や安全投資などのノウハウが蓄積したこともあり、ついには究極の節約スタイル……**実質0円生活**を確立しました。

収入はすべて貯金へ。もちろん、家賃や何やらでいったん少しお金は出ていくのですが、その分は他で上手に回収。

衣食は基本的にすべて株主優待券や金券、ＱＵＯカード、ジェフグルメカード、ポイント、現物支給の優待食料などで賄うようになりました。コストは基本的にゼロ。題して、「合法的食い逃げ生活」「合法的万引き生活」の幕開けですね。

現金を使うくらいなら首つって死にます！　完全自殺マニュアル！　とばかりに究極の節約生活。ロープ代がもったいないので、かつてのような覚悟のロープすらありません。とにかくまっすぐ1億円を目指します。一点の曇りもなし。正直、25歳の時よりも35歳の時よりも、現在の生活レベルは低くなっています。

ついに極めました。しかしこれは成長なのでしょうか……。

収入が上がっても、それに応じて生活レベルを上げてしまっては、いつまでたってもお金は貯まりません。節約こそ最強の蓄財ツールです。

一度も生活レベルを上げなければ、大した苦痛もありません。上昇した生活レベルは下げるのが困難です。私はあまり経験がありませんが、無理に背伸びして生活レベルを上げる必要はないでしょう。

かりそめの高揚感と引き換えに、莫大《ばくだい》な維持費や生活水準を下げたときの喪失感を抱えてしまいます。幸せというのは高い生活レベルの中以外にもあるはず。

お金を貯めたい人は、低みで満足できるようになりましょう。

20年かかって気づいた、節約生活の心地よさ

ひたすら節約ＦＩＲＥ道を進むこと20年。資産が９０００万円になったころ、新たな悩みが出てきました。ＦＩＲＥ後の生活費を仮に月30万円ほどにするとしても、心底ドケチの私はうまくお金を使えるのだろうか？　本当に真人間のような消費生活を送れるのだろうか？　という悩みです。

贅沢な悩みのようですが、そうでもないのです。

私はお金を集めるほうはキャリア20年。ブラック企業ながらもまじめに働き、投資や小銭拾いをよく勉強し、徹底的に節約をし、長い長い億の細道を１人で歩き続けてきました。そしてその結果、この身に余る９０００万円もの大金を蓄財したわけです。自らのプロフェッショナルなドケチぶりにはさすがに自信があります。

一方で……お金を使うほうはまったくのド素人です！

ごくわずかな例外を除いて、贅沢というか、まともな出費は20年間しておりません。そう。支出や消費に関しては、私は大学生のころからまったく進歩していないのです。20年もブランクがあるから小学生の金銭感覚に退化している可能性すら……。なにせ、10円単位で喜怒哀楽が変化しています。

こんな状態から月30万円のＦＩＲＥ生活に移行するなんて、小学生にいきなり30万円の小遣いを渡すようなものですよね。何をしでかすかわかったものではありません！

自分でもまったく行動の予測がつきません。どうなるんでしょうね〜。いわば懲役20年からの出所状態です。

・普通にシャバの生活になじめるのだろうか？
・使い道がない！　と泣き出すのか？
・抑圧された消費欲が解放され、月50万円くらい使ってしまうのではないか？

こんなことが心配になってきました。

これを検証するために、高級なステーキやお寿司を食べにいったこともありましたが、金額に見合った充実感を得られることは難しかったのです。

本物の貧乏人

誤解なきように言っておきますが、お寿司やステーキだってすごくおいしいんですよ。

「ボロアパートで食べる、納豆ご飯のほうがうまい！」というよりは、納豆ご飯のほうが「よい」という感覚です。

長年の節約生活で感覚が歪《ゆが》んでいるのでしょうか。3パック68円で調達した納豆を用意して、株主優待やふるさと納税の返礼品のお米を炊いて、ガガガッと食べる。こっちのほうが気楽でいいと思えてしまったのです。

その理由は、およそ限界まで安く調達したものだから、「遠慮なくパクパクいけるぞ！」という感覚なのかもしれません。

ちょっとわかりづらいので服で考えてみます。高価できれいな服を着ている時って、汚れないように気を付けるじゃないですか。地べたに座るなんてもってのほか。車に泥でもはねられようものなら激怒です。

でも、どこぞで買った安い作業服や運動靴であれば、泥道を歩こうが地べたに座ろうが雨にぬれようが、さほど気になりません。安いゆえに自由にあちこちへ着て行けます。納豆ご飯にも近い感覚があり、庶民的ゆえの解放感や自由があるのではないかと。

世間では「本物のお金持ちは生活が質素」とよく言いますよね。派手な暮らしをしているのは、単なる成金だとか。

私は血を吐くような努力を通じて1億円という身に余る大金を蓄え、統計的には上位約2~3%の世帯、いわゆる富裕層に分類されるようになりました。年齢や単身世帯であることも考慮すると、さらに希少な存在なのかもしれません。僭越ながら、定義上はお金持ちに分類されております。

しかし、いまだに贅沢や散財はちょっと苦痛で、質素なほうが意外と心地よいのです。ド底辺の素寒貧、さらにブラック企業で貯金修行すること20余年。最初は貧乏生活に必死で耐えていましたが、徐々にそれに慣れてきて、果てはそんなシンプル貧乏節約生活が少し好きになっていたのではないかと。

1億円が目前に迫ったこの時期、もちろん1秒でも早く億り人にはなりたかったのですが、ほんの少しだけ「もう少しこの貧困生活を続けさせてくれ！」と思ったこともありました。

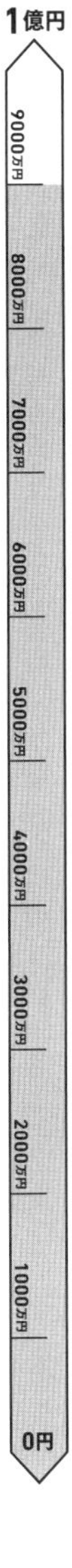

こんなふうに貧乏自体が好きになったから、私は「本物の貧乏人」なのです。偽物の貧乏人は貧乏が苦痛。まだまだです。そうでなければ、こんな極端な生活、20年以上も続けられなかったのかもしれませんね。

「お金という曇ったフィルターを通さずに世の中を見てみたい」と書きましたが、必死に1億円も貯め、金銭的な目標を失い、その状態に差し掛かっているように思います。今、その世界はいつもの質素な日常生活だったのではないかと感じられています。

贅沢なことばかりしても、必ず楽しいってわけでもないですからね。

お金に楽しませてもらおうとせず、どんな状況でも自分から足元の幸せを見つけ出す姿勢が大切なのではないでしょうか。

億の細道、踏破

1億円を達成したのは2024年1月25日でした。貯金を決意した2003年4月1日から20年と10か月が経過した日のことです。

達成日の予測はついていたのですが、改めてその日の入金を確認し集計したところ……

1億35万6882円！

ついに億の細道を踏破です……！　長かった……。

インフレ率など若干の懸念はありますが、これで経済的な不安からは解放されました。

21年前に氷河期世代罪の容疑で捕えられブラック企業に投獄された私は、隠れて毎日1ミリずつ脱獄トンネルを掘り続け……ついに外界へとつながりました。最後の1ミリを崩して外の光がパーッと入ってきたような感覚になりました。月並みな言葉ですが、本当に

「嬉しかった」しかありません。他に表現しようがないです。

そして、感無量になっていろいろと考えていました。

誰よりも感謝したい「ある恩人」

目標の1億円貯まったとなれば、「あれ買おう、これ買おう。○○旅行をしよう、退職願を書いちゃおう」などと考えそうなものなのですが、こういうのは後回しで、考える気も湧きませんでした。「ようやく肩の荷が下りた……」という思いが強かったですね。

そして、自分に関わった人たちのことが思い浮かびました。いい人のことも、パワハラされた人のことも。そのうちなぜか突然力が抜けて、全員を許しました。全員に感謝の念が出てしまったのです。応援や支援をしてくれた人のみならず、加害者へもです。

たとえ酷いパワハラ人間であっても、誰か1人でも欠けていたら私の運命が変わって、1億円を達成できていなかったかもしれません。何はともあれもう全部水に流します！

1億円
9000万円
8000万円
7000万円
6000万円
5000万円
4000万円
3000万円
2000万円
1000万円
0円

これまではアクセルベタ踏みの全力で蓄財を進めてきました。しかしこの日、ようやく1億円を達成して、初めて後ろを向きました。すると、少し若い無数の私が「今のこの私」のために、ブラック企業で耐えながら暗い顔で蓄財している姿が見えたのです。

そして「**あまりアホなお金の使い方はできないよなあ**」と思えてきました。過去の自分に休んでほしくなったというか、とんでもない感謝の念のようなものが感じられました。

1億円達成でも、すぐに会社を辞めなかった理由

1億円は達成しても、私は社会の歯車なのでいきなり退職するわけにはいかず、今は会社都合の早期退職募集を待っております。退職金が全然違うからですね。毎日、「早くリストラしてくれ〜!」と、肩たたきをひそかに心待ちにしながら、相変らずブラック労働に耐え忍んでおります。

その早期退職金は1500万円を見込んでいます。それに加え、FIRE計画の想定寿命の99歳まで、65歳からの35年間に対して厚生年金・国民年金が年間計120万円出ると仮定しています。それを加味したトータルの見込み資産は、1億+1500万+120万

図21

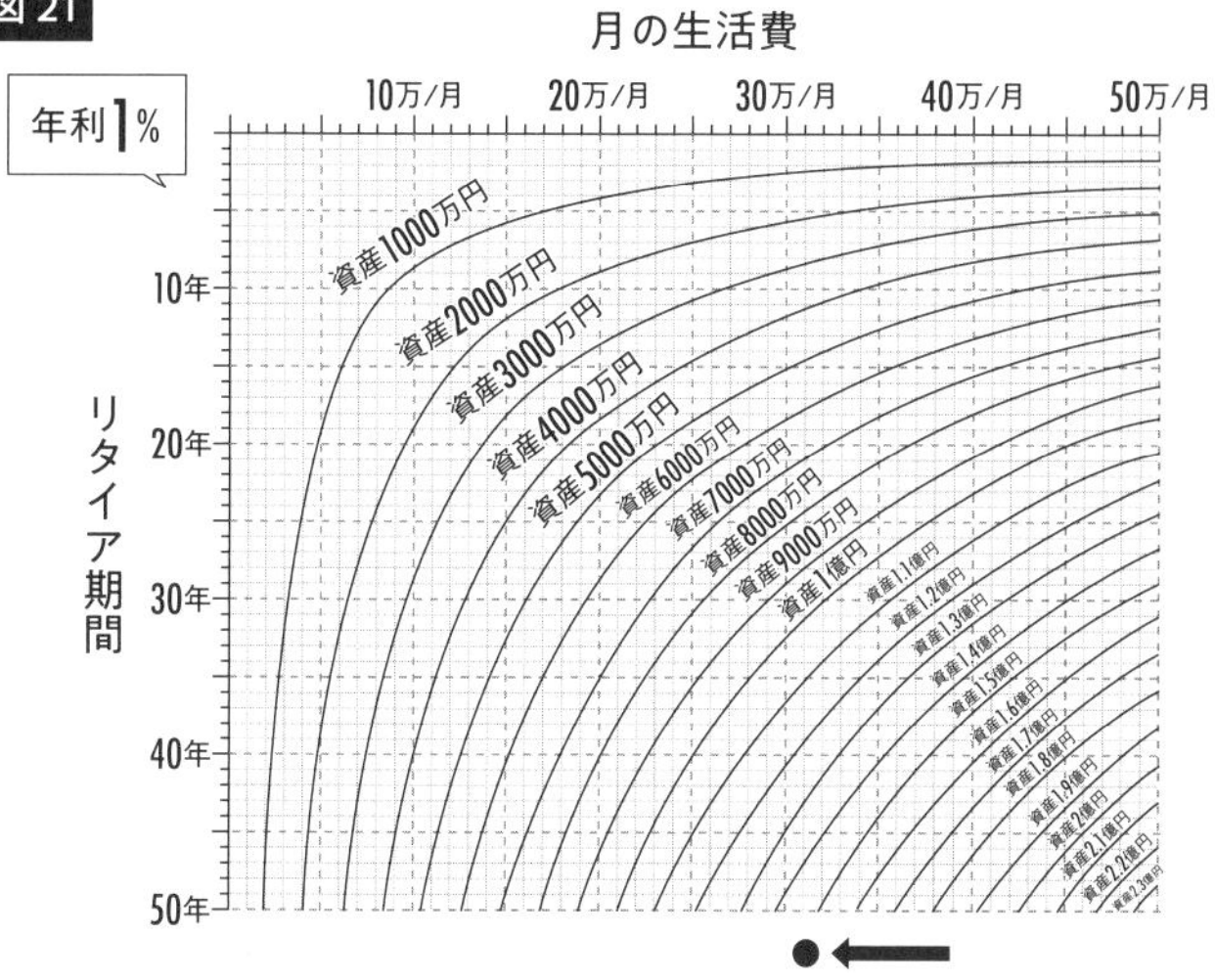

円×35年＝1億5700万円となります。

現在46歳なので53年後に死ぬとして、これらを第1章の逃げ切りグラフに当てはめると図21の「●」あたりが私の現在地ということになります。

安全に見て、大体月30万円を使っていけばちょうどよいとわかります。この金額を目安に支出生活に移るつもりです。

お金という存在によって人生に枠や縛りが生まれるのは事実で、それは人生の道における道路標識のようなものです。お金やお金に起因する人間関係のせいで、やれ右折禁止だの止まれだの、スピード制限だのと、勝手に線が引かれてしまっているのです。

だけど「FI（経済的自立）」状態や「本物の貧乏人」になれれば、この線や標識はすべて消滅します。残るは360度広がるアスファルトの平面のみ。ここをどの方向に時速何㎞で走ってもよいのです。止まっていてもよい。

進む方向がたとえドケチ道だったならばそれでもよく、「**360度から自ら選んだ方向である**」ことのみが重要なのです。

「たかだか1億円でFIREなんて」と思う人も多いことはわかっていますが、もうこれ以上積み上げる方向は選びたくないんですね。

そのために、いずれかの方向へ、億の細道が見えなくなる場所を目指して再び歩み始めたいです。でも、もう泥まみれ血まみれでトボトボ歩くは辛いので、安めの中古自転車くらいが性分に合っているんじゃないかと！

……それでは行ってまいります。

松島へ　ああ松島へ　松島へ

第3章

楽しみながら1円でも貯める超節約生活の知恵

貯金を続けるための「小さな達成感」の作り方

長期間にわたるＦＩＲＥ貯金計画を立てて蓄財していると、やはり途中でダレそうになることもあります。時には10年も20年も日々の生活を律して貯金するわけですから、並大抵のことではありません。「自分がやっていることは何の意味もないのではないか？」と思えてヘコむこともあるでしょう。

そのため、私は日々の小さな達成感が得られるようなことを考え出して、チマチマとルーティンにしておりました。

「1日1000円貯める」貯金塗り絵

まずは貯金塗り絵です。

２００３年当時、まだ10万円すら持っていなかった駆け出しＦＩＲＥ修行僧の私は、まず会社のパソコンのエクセルにこのような１００×１００のマスを作りました。

貯金塗り絵のエクセル画面

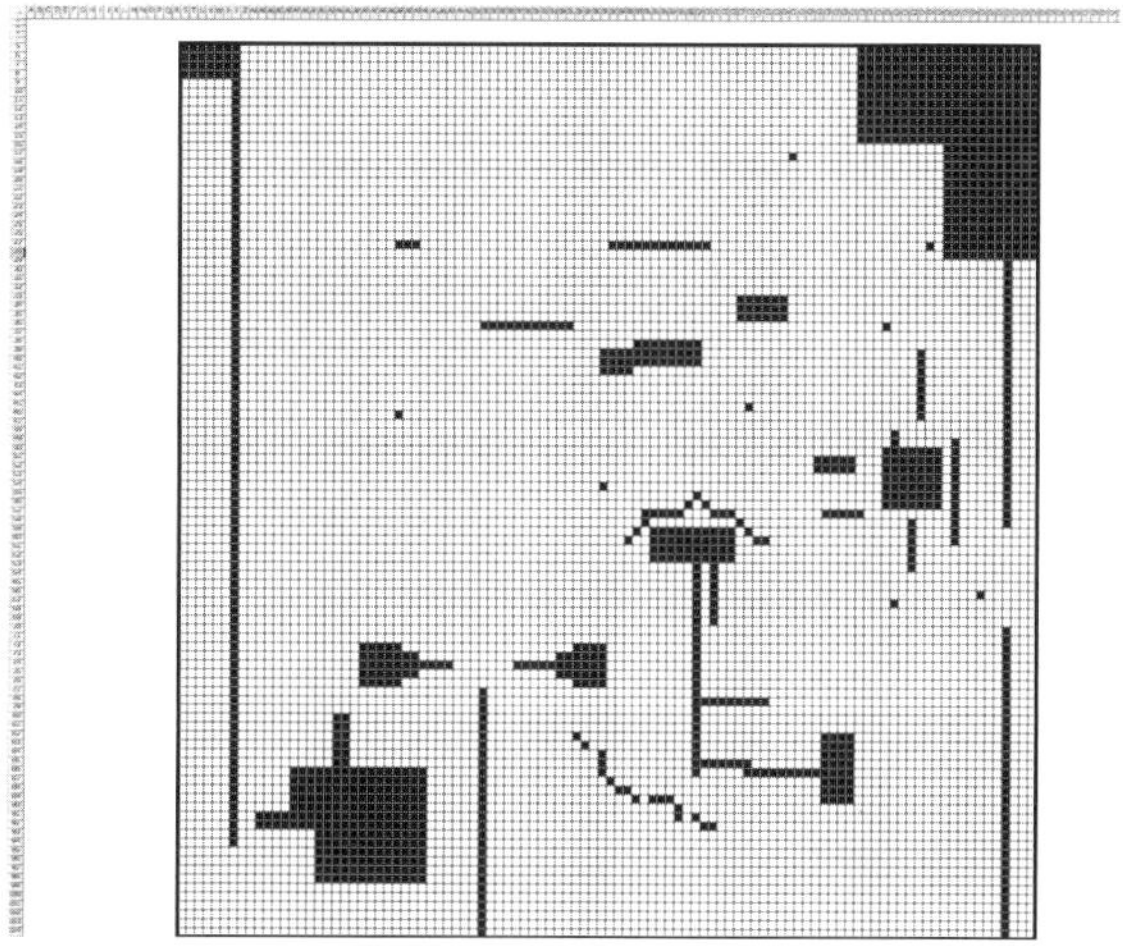

1マスを1000円と見なして貯金を表現しており、日々貯まった分を黒く塗っていくのです。つまり、すべてが黒になったら貯金1000万円ですね。

ただ、「給料が入ったら、一気に200個塗る」のようにすると、塗る日が少なく、通帳を見るのとあまり変わりません。

そこで、1年間で貯められるであろう金額を平日の日数で割り戻し、退社時に毎日塗っていました。給料、ボーナス、運用の見込み益などのすべてを考慮します。

当初、私は1日12マスほど塗っていました。飽きがこないように何かの模様を作ることを小さな目標にしたり、陣地を2つ作って後日つなぎ合わせたり……。こうやって落書きが増えていきます。

毎日10個ちょっとしか塗れないので、短期間では変化がわかりづらいです。そこで、時々スクリーンショットでマスの画像を保存し、それらを比べて「貯金は確かに進んでいるなあ……」と実感していました。

もっと細かく1マス500円にするとか100円にするとか、基準はなんでもよいですが、あまり細かくすると塗る行為自体が億劫《おっくう》になってしまいます。1マス1000円くらいがちょうどよいです。

また、想定される年間貯金額を1日に換算して毎日塗っていくと、実際の貯金額とズレが生じます。ここは時々補正しましょう。

なお、この方法は、SNSはおろかブログすら一般的でない、2003年当時の工夫です。貯金について他人と話すわけにもいかず、節目の金額が貯まっても褒めてくれる人などいない時代の話。だから、この貯金塗り絵で進むべき方向を見失わないようにしていました。

今の時代なら、もっといい方法がネット上にあるかもしれませんね。

私自身、貯金塗り絵は最初の1000万円までしかやりませんでした。それどころか、塗りきった日のこともよく覚えていないんですね。3年くらいかかった記念すべき達成の日の記憶もすっぽりと抜け落ちているのです。当時はめちゃくちゃ忙しく、うつっぽい気分がずっと続いていた時期なので、脳が勝手に記憶を消してしまったのかもしれません……。残念です。

「100万円で1㎝」貯金せいくらべ

2000万～3000万円貯まったころには、「貯金せいくらべ」というモチベーション維持法をやっていました。このくらいの額だと、一万円札を重ねると相当の厚みになるので、厚さでお金を表現するようになったのです。ちなみに、新札の一万円札で100万円の札束を作ると、ピッタリ1㎝となります。

貯まった金額に応じて、地面から高さ20㎝や30㎝を測り、会社の壁や柱に目立たないように鉛筆で横一文字に線を引くだけです。子の成長を柱に刻むように、よく使う会議室や、上司の机にこっそり落書きしていました。

とにかく100万円の札束（1㎝）を目標にどんどん貯金し、ある程度貯まったらまた線をこっそり書き直します。「これが50㎝になったら、いきなりその壁に穴が開いて抜けて逃げられる」だとか、変なイメトレもしていました。

この取り組みの途中で、人事異動により勤務場所や建物が変わったこともありましたが、今でもその場所に線が残っていることがあります。「ああ、あのころの私の貯金はこんなに少なかったんだな〜」と、わが子の成長を振り返るような感覚になれます！　今のうちに、あちこちに印を書いておくといいかもしれません。（笑）

「絶対本物に変えてやる！」偽札束作り！

ブログやXなどで度々画像を載せていますが、段ボールで1000万円のブロックの偽札束を作る、という方法も実践しました。最初の目標は5000万円だったので、5個です。
1000万円のブロックの大きさは、
76㎜（タテ）×160㎜（ヨコ）×100㎜（厚さ）の直方体です。
この大きさの箱を段ボールで自作し、「これを絶対に本物に変えるんだ！」と自分を鼓舞していました。手に持つ箱の大きさが、そのまま現実の具体的なイメージとなるのでイメトレ効果は抜群です。

ただ一つ、注意があります。

「本物に変わったらいいな」とか「本物に変わりますように」といった生半可な気持ちでは効力が最大限に発揮できずダメなんです。

「本物に変える！　本物に変わる予定である、その予定は確定している。むしろ本物である、もはや本物である、よく見たら本物だった、ただ単に物体周りの時間がズレてるだけ！」

そのくらいの強い気持ちを呼び起こすためのグッズです。

「貯金塗り絵」や「貯金せいくらべ」と比べて格段に奇行なのですが、そもそも5000万円や1億円などという大金を貯めようとすること自体が奇行なのです。だから気にせず作っちゃいましょう。

ただ、この偽札束を並べたり投げた

り転がしたりしているうちに、あちこちがヘコんできてしまいました。中身が詰まった発泡スチロールなどで作るべきでした。これから作る方は参考にしてください。

壮大な目標を具現化するには、とにかく具体的イメージを醸成する必要があります。これは貯金に限ったことではありませんよね。

勝利をイメージできないボクサーが相手を倒せますか。幸せな家庭像を具体的に描けない人が家庭を幸せにできますか。それと同じです。

嫌になるほどクッキリとゴールを意識し続けましょう。

まとめ

- 貯金を続けるには「小さな達成感」が必要
- 目標はできるだけ具体的にはっきり意識する

「一生分の〇〇代を貯める」でリタイア生活をどんどん豊かに

アーリーリタイアや老後資金の蓄積などを目指すと、目標金額はどうしても莫大なものになってしまいます。

「2000万円貯めるぞ！」
「5000万円貯めるぞ！」
「1億円貯めるぞ！」

壮大な目標を立てたまではよいですが、現状を振り返るとため息が出ることもあるでしょう。貯めても貯めても進んでいる感じがしませんし、たまのボーナスでも1％も進みません。

確実に進んではいるものの、貯金する気力がなくなってしまっては元も子もありません。だから100万円ずつ区切ってみるなど、小さな目標＝マイルストーンを作るのが精神衛生上好ましいのです。

しかし！

「400万円達成！　次は500万！」「500万円達成！　次は600万円！」……

これでは無限地獄感が否《いな》めません。ぶら下がったニンジンを延々と追いかけられるほど人間はアホではないのです。そこで、おすすめしたい……というか、私が実際にやっていた目標設定法を紹介します。それは**「一生分の〇〇代を貯める」という考え方**。

たとえば、「一生分のコーヒー代を貯める」を目指すとしましょう。リタイア後は1日1杯の缶コーヒー（100円）を飲むと決めたとします。リタイア期間を40年間とすれば単純計算で、100円×365日×40年＝146万円あれば一生飲めますよね。なので、この146万円を「コーヒーの目標」として定めます。とにかくがむしゃらに146万円を貯めてしまえば……あなたは死ぬまで100円コーヒーが飲めます。やったー！

実際にはこの146万円を運用利回りで現在価値に割り戻して、さらに小さくしてもいいでしょう（第1章に計算の仕方を載せています！）。

これは無味乾燥な100万円区切りと違って、とても意味のある数値です。具体性もあり、金額的にもそこまで難しいものではないですよね。コーヒー一生分を達成したら、次なる目標は別のもの、たとえば「次は電気代を一生分稼ぐぞ！」と定めて貯金を続けます。

こうすれば脳内リタイア生活がどんどん豪華になっていくのを実感できると思います。考えるだけでも結構楽しくなってくるものです！

一生分の食費はいくら？

この話の延長線上で、私の事例をもとに「一生分の◯◯代は、どのくらいの目標額か」を試算しました。図22が、月額ベースの大まかなＦＩＲＥ生活費です。

図22 月額ベースの生活費試算

食費	45,000円
家賃	60,000円
水道光熱通信費	17,000円
予備費	30,000円
国民年金	16,000円
交通費	5,000円
娯楽費	適宜

単身生活を想定していますが、各人のライフスタイルに合わせて項目は変更しましょう。予備費とは、突発的な医療費とか冠婚葬祭、その他一時的にお金が足りなくなった時のためのプール金ですね。

たとえば食費の月４万５０００円を40年分貯めようとすれば、運用益込みでも一生分で1773万円が必要です。これでは、「いきなり目標が高すぎ！」という方のために、さらに細かく区切ってみました（図23）。

私の貧困節約生活の経験に基づき、生き延びるために必要な順にしています。上にあるほど優先順位が高いです。

図23 月額ベースの生活費詳細試算

夕食	21,000円
通信	7,000円
家賃	55,000円
共益費	5,000円
電気	4,000円
昼食	15,000円
水道	3,000円
朝食	9,000円
ガス	3,000円
予備費	30,000円
国民年金	16,000円
交通費	5,000円

・家はなくても1日1食分の食料があれば生きられる！
・ガスは止められても、まあ大丈夫！
・電気代と昼食代はどっちを取るか迷う！

こんな視点で、重要な順に並べています。

こういった状況では、朝食など完全に娯楽のようなものです。都市ガス利用も娯楽。そういう意味で順位を低くしています。

なお通信費、すなわちスマホとパソコンと通信回線は食料の次に重要だと考えています。たとえ橋の下で寝ることになっても、うまくネットで稼げば復活を狙えますからね。とにかく通信環境だけは屋根よりも壁よりも優先したいところです。

少し横道にそれましたが、ここまでをもとに各目標額を立ててみましょう！

「一生分の〇〇」支出額の一覧は次の表のとおりです。

図24 月額ベースの生活費詳細試算

項目	一生支出	累積
夕食	827万円	827万円
通信	276万円	1103万円
家賃	2167万円	3270万円
共益費	198万円	3468万円
電気	158万円	3626万円
昼食	591万円	4217万円
水道	118万円	4335万円
朝食	355万円	4690万円
ガス	118万円	4808万円
予備費	1182万円	5990万円
国民年金	266万円	6256万円
交通費	197万円	6453万円

目標算出法の詳細は次による。大体40歳くらいの人を想定している。

将来の消費期間は40年間＝480か月
ただし国民年金保険料の項目だけは20年間とする。

N年目時点の貯金に運用益１％を加え、年間消費額を減じる。

その値を（N＋1）年時点の貯金として連鎖させる。

40年目の消費でちょうどゼロになるような初期金額を求める。最後に１万円単位で四捨五入。

やはり家賃が強敵というか、ものすごく高いです。持ち家の人だとこれがないので最強です。家賃は、気持ちが萎《な》えないようにラスボス的に後回しにしてもいいと思います。

今の貯金額ではどのあたりまで確保できているでしょうか？　次の目標は何のお金でしょう？　とにかくこのように視覚化&具体化してしまえば、

「次は、一生分の電気代を稼ぐぞ！」

「よーし、一生分の昼食代を確保したぞ！」

というように活力が湧いてきます。こうやって少しずつ山を登っていきましょう。

ただ、そうはいっても、

「いや……。まだ夕食代も貯まってないけど」

「こんなんきついわ……。もう貯金辞めるわ……」

と思う方もおられるかもしれません。

しかし、ちょっと待ってください！

つい忘れがちな「ある資産」

我々には、知らず知らずのうちに長年搾取《さくしゅ》されてきた財産があるではありませんか。それは年金（＝強制マイナス金利貯金）です。

酷い状況とはいえ、世間で言われるように「まったく戻ってこない」とは考えられません。さすがに何十年と積み立ててきたら、それなりの額が期待できるというものです。超長期視点で考えているのだから、これを考慮してもいいですよね。試算にも国民年金の保険料項目を入れているわけですから。

私は会社員なので、厚生年金の分も合わせて一応控えめに月10万円を65歳から受け取れると試算しています。そうすると10万円×12か月×15年＝１８００万円になります。

正確には運用利回りで現在価値に割り引かなければなりませんが、20年働いたビジネスパーソンなら、誰しも２４００万円くらいはすでに持っていると考えてもバチは当たらないわけです。国民年金だけの人でも年間80万円弱、15年で１２００万円程度は期待できます。

これは大きいですよ～。

現在貯金がゼロでも、年金をしっかり払っていればとりあえず、夕食代と通信費くらいはカバーできてしまいます。給料が高い会社の人なら、家賃分まで賄えるかもしれません。

本来の趣旨としては、年金のみでこのすべてが賄われるべきだとは思うのですが、そこはゴネても仕方ありません。財務省や厚生労働省も苦しいのでしょう。現実的な落としどころというのもまた大切です。

最後に、遺産や実家の相続が期待できる人はそれを足してもいいでしょうね。

まとめ

・「一生分の〇〇を確保した」で、細かく目標設定
・「私は絶対に餓死しない。一生ニートでも、餓死だけはしない」こう考えられたら気楽になれる

確実に手元にお金を残す、不変の方法

私はブラック企業から逃げたい一心で20年以上激しい節約修行を継続し、最終的に1億円を貯めました。

蓄財を始めた当初の生活支出は、家賃抜きで月4万5000円。当時は寮に監禁されていたので家賃はほぼかからず、純然たる月間支出が4万5000円だったのですね。この生活スタイルのおかげで、逃走資金はどんどん貯まっていきました。

貯金や収入が増えると普通は生活レベルも上がっていくものですが、私の場合は逆にどんどん下がっていきました……。**「まだ削れる!!」「さらなる低みへ！」**と。

そして最終的に私がたどり着いた究極の生活スタイル。それが**実質0円生活**でした。

0円といっても、さすがに仙人のように霞《かすみ》を食べて生きているとか、太陽の下で光合成ができるようになったとか、道路で寝ているわけではありませんよ。

人間が社会で生きていれば絶対に削れない支出はあるものです。今だと月あたり、

・ボロアパート家賃　約2万8000円
・電気代　2000~4000円
・ガス代　1800~2500円
・水道代　1500~2000円

これくらいは絶対使わざるをえません。本気を出せばガスと水道は解約して会社のシャワー室で過ごせばなんとかなりそうですが、一応インフラということで維持しております。

「なんで食費がないの!?」という点ですが、これは、

・各種ポイ活で得られるポイント
・ふるさと納税、株主優待などで配給される食料、食券

などで完全に賄っています。それどころか、もらえるQUOカードやポイントなどはむしろ余りがち。わがボロアパートにはいつ使うともしれないカード、券類が山積みです。

この余剰を光熱費などと相殺し、あと微妙に家賃補助が出ている分も全部ひっくるめると、トータルの収支は0円ないしは、プラスになっています。そういうわけで正式な会計

ではありませんが、これをもって「実質0円生活」と呼んでいます。

ポイントや優待の代わりに株の譲渡益・配当なども同じ意味で支出と相殺できると考えられそうですので、実際はさらにプラス幅が大きいと思います。ただ、その投資益はあまり節約らしくないので、実質0円生活にはポイ活や優待などだけを考慮しました。

たまに「収支の内訳を教えてください！」と言われることもあるのですが、この状況なので非常に整理が難しいです。なんだかんだ、フワッと給料がまるまる残っているのです。

貯金額をコントロールするたった一つの方法

蓄財における基礎はやはり支出を減らすこと。きっちりと節約してムダなものは買わないようにすることでしょう。蓄財活動の基本となるのはこの式です。

蓄財量＝（収入－支出）×利回り

この3つのパラメータの中で、唯一完全にコントロール可能なものがあります。どれでしょうか？　一緒に見ていきましょう。

収入

どんなに一生懸命働いても、労働者の収入は基本的には大きく増えません。生み出した価値や余剰はすべて会社や資本家へ。我々社会の歯車なんてこんなものです。

転職して給料が上がる場合もありますが、その転職先でがんばったら、その後さらに収入は増えるのか？　というと、やはり同じことの繰り返し。勤め人は月給の安定と引き換えに、自分の意志で手っ取り早く給料を上げるのは難しいです。

もちろん、長くまじめに働いていれば、いずれ報《むく》われることがあるかもしれません。でも、会社で出世していくのは、必ずしもまじめで優秀な人間ばかりではなく……。「ちゃらんぽらんで調子だけはいい！」という人が意外と偉くなったりもします。

何はともあれ、勤め人は自分で収入をコントロールすることが難しいのです。

利回り

利回りについては言わずもがな。どれだけ金融や株などを研究しても、しょせんは世情に振り回されます。最高の頭脳を結集したヘッジファンドが、市場平均に負けちゃった！なんてこともよくある話です。投資も、努力と結果がスッキリとは結び付かないものです。

もちろん投資の勉強はすごく大切です。けれど、ある程度まともな知識がついて投資を始めた後は、割とヒマになるのも事実。その後は相場の行く末を待つだけなので、あなたのすべきことはほとんどありません。

支出

支出については、自分ですべてコントロールできますよね。

1000円の支出を抑えれば、即座にかつ確実に目標金額に向かって1ミリでも進みます。これが他の2つのパラメータと大きく異なる点。

自分でコントロールできる範囲で最善の努力をせずに、どうしてコントロール範囲外の成功を祈れるでしょうか。人事を尽くして天命を待つとはそういうことです。

自分がやるべきことをやらずに、他責思考で安直に人に頼ろうとするから、変な商材にだまされちゃうんですよ。

・自動的に毎月20万円が入る方法があります！
・絶対確実です！　バカの私でも簡単にできました！
・それを今回は特別にお教えします……。続きは○○に！（↑妙なリンク）

というアレです。

こんなことを言いふらしているのはアフィリエイト目当てやねずみ講的なもの、あるいは「ポンジ」といわれる詐欺手法がほとんどでしょう。繰り返しになりますが、他責思考はやめ、まずは自分が確実にできることから始めましょう。


しかし、誤解なきように言っておきますが、一応あることはあるんです。本当に儲かる商材というのは。私も知っていますし、実際にやっています。

宣伝商材が事実かどうかは別として、20万円とはいかないまでも不労所得的に自動的に月○○円が入る方法……といったものは実在するんです。

でも本当に儲かる手法とは、書籍で言いふらすようなものではなく、こっそりとやって秘匿《ひとく》すべきなのですよ。宣伝するようなものではありません。

こんなぼやかした書き方をすると不快感を覚える読者の方々もおられると思います。ですが、そもそもおいしい話なんて人に教えるわけないじゃないですか。

「じゃあ知っているとか書くなよ！　気になるだけじゃないか！　教えてよ！」と怒られそうなので、差し支えのない簡単なやつを一つだけ載せておきます。結構強力な技なので参考にしてください。

この方法は本当に確実に毎月数千円、人によっては毎月10万円とかが自動的に手元に残ります。すぐできるし絶対確実です！ 今回は特別にお教えしましょう。

それは……「**とにかく、出ていくお金を減らすこと**」です。

まとめ

・支出を限界まで削った後はポイントなどで相殺。さらなる低みを目指す

「ポイ活」するときに絶対に忘れてはいけないこと

支出を削るのが日々のFIRE修行における正道ですが、いずれ限界を迎えます。ここからさらに道を究めていくには、一切の消費を要しない仙人に転生するか、その最低限の支出そのものをこっそり誰かに肩代わりしてもらうしかありません。前者は現実的に不可能なので、後者について少しお話ししたいと思います。つまり**ポイ活**です。

ポイ活とはポイントを集める活動のことです。そのままですね。

わかりやすいのは、コンビニなどの「ポイントカードはお持ちですか～？」です。しかし、１０００円分の買い物をしたら10ポイントゲット、なんていくらやったところでらちがあきません。実質９９０円の支出をしているわけですし……。

もちろん、こういうポイントもすべて必ず取りにいくのは、基本のキではあります。「ポイントカードはお持ちですか～？」と聞かれる前に無意識にポイントカードを出している。聞かれなければ「ポイントカードをお持ちです！」と店員さんに押し付けるくらいでやっと半人前。ちりも積もれば……ですね。

しかし、しかしなのです。

いくら「購入額の1％をポイント還元」とか、「期間限定キャンペーンで還元率が4％にアップ！」とか言われても、そもそも**買わなければ還元率は100％**。

ポイ活より支出削減を上に置いているのはそういう理由もあります。**見た目のお得感に目を曇らせることなく、必要性を吟味して買い物をしましょう**。

ですが、これとはまた別の少し専門的なポイ活というのもあるんです。

ただ、その具体的中身については、たとえ私が知っていたとしても、ここで紹介するのは何の意味もないことなんですね。すぐに仕様が変更されてしまうからです。

それどころか、拙書を数年後に手に取った人がピュアな心でそのまま実行してしまったら、得するどころか大損してしまう可能性もあります。「おいおい、言われた通りにしても何も起こらないじゃんか！　この無意味な残高をどうしてくれるんだよ！」と。

ただ、普遍的なポイ活の行動原理というのはあるんです。

昨今はこの界隈の情報伝播《でんぱ》が極めて速く、仕様変更までの期間がものすごく短縮されています。そのため、何かのおいしいポイ技がSNSなどに拡散されていたら、1分単位で早く行動することをおすすめします！　1時間単位ではなく1分単位ですよ。場合によっては有休を取ってでも早くやってしまうことですね。昼休みに見つけた情報が夕方にはふさがれていた、なんてことは日常茶飯事の世界です。

私はこの現状をよいとは思いませんが、そこは総論反対、各論賛成。ここは割り切って欲深く、スピーディーに突撃するしかありません。そうすれば生活費の一部くらいは賄えることでしょう！

ポイ活はとても奥深い世界で、知識の総合格闘技みたいな一面もあります。たとえば資金決済法などの法律知識やプログラミング技術など、マニアックなことも勉強すると幅が広がるかもしれません。興味のある方は調べてみてはいかがでしょうか。

まとめ

- 「ポイントを貯める」前に「お金を使わない」が大切
- ポイ活は手法の移り変わりが早い
- 本気でやるなら、相当の知識・技術・勉強が必要

楽しい株主優待。でも……

こちらもポイ活ほどではないにせよ、変化が激しい世界です。

株主優待とは、一定数以上の株を権利確定日（の引け時点）に保有していた人に配給される、ささやかなプレゼントみたいなものです。

しかし株主優待および、株主優待生活について本気で解説するとなれば、私はノンストップで12時間くらい話し続けることとなります……。本の厚みが倍くらいになりそうなのですが、それはさすがに優しい出版社さんにも怒られそう！　ということで泣く泣く割愛して概要だけ書こうと思います。

まず、株主優待で何が配給されるかですが、これはまさに企業次第。

・自社店舗の割引券、金券、レストラン食事券
・QUOカード、信販系ギフトカード、グルメカード、図書カードNEXT、全国共通

おこめ券
・お米、うどん、魚、高級ぶどうなどの現物
・ギフト冊子
・自社商品詰め合わせ
・自社ポイント
・交通機関の無料乗車券、乗船券
・アミューズメント施設入場券

などなど、書いていてはきりがありません。変わったところでは、「葬式のご遺体安置料金→1泊分無料！」などというものもありますよ。これ、「やったぜ！　ちょうどじいちゃんの葬式なんだよ！　優待使えるできるわ！」という株主がそんなにいるのでしょうか。疑問です。じいちゃんも草葉の陰で苦笑いしておられることでしょう。

しかし、このリストを見ているだけでもなんだか楽しげだと思いませんか。

定期的にいろいろな物品が家に届くのですから、独身生活者なら余裕で暮らせそうだということがわかっていただけるかと思います。投資額が大きければ家族でもいけますね。

ただ、当然のことながら、株主優待は株に投資しないともらえません。元手が必要ですし、株価も日々変動します。優待に特化してボラティリティを抑える方法もあるようですが、かなりの手間がかかるうえにミスると大ダメージ、しかも運用成績は市場平均に大きく負けて散々……とあまりいいことはないようです。

正直なところ株主優待の未来は明るいとは言えません。

優待の基本は、優待利回りといい、

優待利回り＝もらえる優待の実質的価値÷株価÷必要株数

で算出されます。

これはかなりいい株でもせいぜい年利数％、微妙なものだと0・数％になってしまいます。配当金のほうがよほど重要なのではないだろうか、という気もしてきます。

さらに、昨今は株主還元の平等性を言い訳に優待廃止が頻発しています。もともと温情のようなものですし、外国人投資家には評判が悪いという問題があるのは確かなので、この廃止傾向はしばらく続くのではないでしょうか。

ただ一方で、「優待券をもらえなければ一生来なかっただろうな」という店に行くきっかけにもなるので、かなりの宣伝効果はあると思います。

企業の皆様にはぜひ、この日本が誇る株主優待制度の維持拡大をお願いします！

謙虚な株主優待民

話は少し変わりますが、本書で初めて株主優待の存在を知った方もおられるかもしれませんね。そういう方は、お店で株主優待券を使うと、

「株主様！　来ていただけて光栄です！　ありがとうございます！」

となることを想像しておられるかもしれません。株主優待券って響きがちょっと優越感ありますよね。俺はこの会社の出資者なんだぞ、社長より偉いんだぞ、と。

でもこれ、実際はむしろ逆なんです。

「あー、こいつまたタダ飯食いに来たよ……」

という店員さんの冷たい視線を感じることもしばしば。

しかし、私はポイ活民や優待民の扱いなんてこのくらいでちょうどいいと思うんですよ。

もともとは日陰者がひっそりとやっていたことですし、自慢げにふんぞり返ってやるようなものではないのです。

我々優待民はお店の邪魔にならないようにカウンターの端っこでボソボソと速やかに食事をし、食べ終わった食器は店員さんが片付けやすいように配慮。そして優待券でサッと会計して店を出ましょう。

小さなことですが全国の優待民のマナーが向上し、「おっ、あの寄生虫もそれなりに気を使っているじゃないか。一寸の虫にも五分の魂よ。よしよし。もう少し優待の配給を続けてやろう」となることを願います！

優待民と企業は持ちつ持たれつです。いい関係が維持され、この制度がいつまでも続いてほしいものですね。

まとめ

- 株主優待は節約生活には有効だが、年利換算すると効率が悪い場合もある
- 優待はマナーよく使うこと

「株主でなくても」株主優待を使い倒す方法

株主優待は、当然ですが株を持っていない人にはくれません。しかし、株を買うにはそれなりの金額が必要ですし、そもそも「株なんて興味ないわ!」という人も多いでしょう。リスクもありますし、誰しもが気軽に買えるものではありませんよね。

ただ、株を買わずとも、株主優待を購入する方法はあります。

株主優待というのは、基本的には北海道から沖縄まで、日本全国にいる株主へ一律発送されます。するとどうなってしまうのか。

「こんにちは、沖縄の南十字星鉄道株式会社(※架空)です! ささやかですが、株主様に南鉄の無料乗車券6回分を送ります! どうぞ使ってくださいね!」

と北海道の株主が受け取っても困ってしまいます。

「じゃあこれを機に沖縄旅行に行ってみるか!」となるのが理想の姿ですが、株主全員が気軽に沖縄に行けるわけでもありません。地域性に配慮して優待を選べる会社も多いですが、それでも「ベジタリアンに焼肉店の食事券が届く」「40代独身男性にギャル服の優待券が届く」など、ミスマッチ事例は多くあります。

「お気持ちはうれしいのですが！　どうすればいいんですかこの優待券！」となり、現実的には捨てるしかありません。が、「捨てるくらいなら」とチケットショップやフリマアプリなどで売り払う株主もいます。

そしてこれが……安いんです！

株主優待券は用途が非常に制限され、さらに期間限定であることが多いです。何月何日まで有効、など。それゆえ、額面に「1000円」と書いていても実質価値はそれより低いです。人によってはまったくの無価値にもなりますからね。

このあたりの需給バランスにより、かなり大幅に割り引かれて流通している優待券が多いのです。

もちろん、限定度合いが強いものほど割引率が大きく、私の感覚ですと、

・全国的なスーパーチェーンのお買い物券→あまり割引なし
・全国的なレストランチェーン→5～20％割引
・全国的な居酒屋チェーン→10～30％割引

・限定された専門店（例：アクセサリー、服）→30～70％割引
・かなりローカルなレストランなど→40％割引～
・鉄道乗車券→長い距離を乗るなら絶対安い

で手に入る感覚です。もちろん需給や時期によって大きく変動しますが、とにかく安い。実際に買い物や食事をする予定があるなら、これを活用しない手はありません。

特に居酒屋は、とてもいいですよ。大人数の飲み会で幹事さんがうまく活用すれば、相当な額を節約できます。しかも株主優待券は、別の割引と併用できる場合がほとんどなのがよいところ。過去には、Go To Eat と叩き売りされている優待食事券とを組み合わせて「毎日無料飯を堪能できた」「お金をもらいながら食事していた」などという話も。

元手は大してかからず、しかも株の保有に伴うリスクを負う必要もありません。すべて株主が負担してくれているのですからね。

優待生活を長く続けていると「このチェーン店の経営はあの会社」ということを自然に覚えるものです。ですが、最初は全然わからないと思います。

「えっ。あのハワイアン料理店とあのうどん屋って同じ会社だったの!?」というのはよく

あること。県内に1店舗など、ごく少数しか出店していない場合は、自分が勝手に地元の個人店だと思い込んでいる可能性もあります。

お店を使うときは「〇〇　株主優待」などと検索するクセをつけましょう。

偽物に注意

特に個人取引が主のフリマアプリなどでは、偽物が出品されていることがあります。

株主優待券は貨幣と違い、企業が勝手に紙を印刷しているだけなので、偽造しやすいのだと思われます。最近は企業側もホログラムや電子化などの工夫を凝らしているものの、かつては大量の偽物が出回る騒ぎもありました。

しかも、優待券は買い手にとっては見慣れないので、届いた段階では本物かどうかの判別がつきません。いざお店で使おうとしたら偽物と指摘され恥をかいた、もちろんお金も戻ってこないといった被害報告も聞かれます。

完全な回避策はないですが、

・異常な安値で売りまくっている人は避ける

・きちんとした実績のある人から買う
・万が一偽物を見つけたらすぐに通報する

という警戒心は忘れないようにしましょう。

注意書きを確認

株主優待券に「転売禁止」などと書かれているものが売られていることもあります。実態としてはフリマアプリやチケットショップで普通に流通していますが。

中には「株主の名前がない券は無効」と具体的に書いてある場合もありますので、よく注意してから買いましょう。

まとめ

・「株主優待券の購入」は元手が大してかからず、株保有のリスクなく活用可能
・偽物や利用条件には注意

株を学んだ2冊の名著

莫大なＦＩＲＥ資金を蓄財するためには、どうしても運用の力が必要です。私は貯金を始めた２００３年からさまざまな株本を読んで勉強していました。

当時はネットの情報が多くなかったため、書店に行ってはよさそうなものを探して読む……という感じでした。しかしその内容は玉石混交なんですね。

投資関係の本は、素人目にもいい加減な本があります。こういう本から入ってしまうと、株式投資の助けになるどころか刷り込みを受けて害悪にすらなり得るんです。

読んできた数多の本にあった株式投資への態度は、大きく次の３つに分けられると考えています。

・テクニカル分析
・ファンダメンタルズ

・効率的市場仮説

いきなり否定的なことを言うようですが、私はテクニカル分析に傾倒するのはいかがなものかと思っております。

テクニカル分析とは、チャートの上げ下げの波、その形などに注目して将来の株価を予測するものです。私からすると、根拠が薄いと感じるんです。「チャート分析だけで資産が10倍に！」とうたっているのは、むしろ情報商材販売に近い性質があるのではないかと。正直眉唾なんですね。

実際、こういったテクニカル分析に傾倒した知人が何人かいるのですが、みな失敗してしまいました。

彼らの特色として「異常な自信家」であることが挙げられます。「ナントカバンドがこうなったから、絶対上がるねん！」「シグマがなんとかで抵抗線がこうだから、絶対売りやねん！」などなど、なぜか**「絶対」という言葉をよく使っておりました**。何かの本やサイトに書いていたことを妄信してしまったのでしょう。まあ、「絶対」仕事辞めるマンが言うのも何ですが。

彼らは、予測が当たったときは狂喜乱舞します。これはいいのですが、問題は外れたとき。落胆しつつも「あのシグナルはダマシだった」「予想外の売りが来た」などと説明する傾向にあります。絶対当たるはずの予測モデルが外れたなら、本来はモデル自体を修正するべきです。なのに、なぜか株価や市場のほうを否定するのです。チャートにおける完全な事実は株価そのものしかないにもかかわらず。

そして、ある時期を境にピタリと連絡がなくなります。負けが続いちゃったんですね……。別件で会った時に「最近、株はどうですか？」と聞くと大変微妙な表情になり、あまり触れてほしくなさそうなご様子。投資手法を見直すというよりは、投資自体をやめてしまっておりました。

彼らを見ているとボタンの掛け違いの原因は複数あるように思われました。

1つは元本が小さかったこと。数十万～数百万円程度を運用していたのですが、元本に比して「株だけで1000万円まで増やしたい！」などと野望が大き過ぎるんです。こうなると、手っ取り早く資産が増えそうな短期テクニカル手法が、魅力的に見えてしまうものなのでしょう。お気持ちはよくわかります。焦った彼らは高めのレバレッジを掛け、値動きが荒めの銘柄に特攻してしまいます……。ギャンブラー体質。

2つ目は頑固過ぎたこと。先に述べたように、自分の考えをなかなか修正してくれないんですね。「そんな株の打ち方は危ないぞ」「もっと安定した分散を……」と言っても聞く耳を持ちません。「でも、でも！」「だって、だって！」と自己正当化に走ってしまいます。株価の未来予測なんてフワフワしてランダム性の強い世界、**常に自分の手法を疑いまくってちょうどいいくらい**だと思います。

そして3つ目は、彼らが最初に謎の悪書に出合ってしまったことです。これは、なぜなのでしょうか？　誰しもが最初は投資に無知なので、別の本やサイトから始めてもよかったはずなんです。別の誰かにその本をすすめられたのだとしても、その「誰か」を自ら選んだ理由はなんだったのでしょう？　その答えは……

運です！

人間は親を選べないのと同様に、完全無知の状態では最初に出くわす投資手法は選べません。つまり、ツイてなかったのです……。

そこで、読者の皆さんがもし投資を始めるときに誤った方向へ導かれないよう、「この辺りをベースに始めたらよいのではないか」という2冊を書いておこうと思いました。

初心者におすすめの2冊

先ほど、株式投資への態度は3つに分かれると書きました。ファンダメンタルズについて1冊、効率的市場仮説について1冊それぞれ紹介します。

論理的にも無理がない内容だと思うので、興味のある初学者はぜひ読まれてはいかがでしょうか。

ファンダメンタルズ編

『億万長者をめざすバフェットの銘柄選択術』（メアリー・バフェット＋デビッド・クラーク著、井手正介＋中熊靖和訳、日本経済新聞出版社）

これは、私が刷り込みを受けた本です。バフェットというのは、著名な投資家のウォーレン・バフェット氏のことですね。凄腕のアメリカ人長期投資家で、およそ14兆円（2023年）もの資産を持ってるんです。この本は本人が執筆したわけではなく、バフェット氏の投資手法を解説した内容です。

その内容を端的にまとめると、

・ブランド力のある大きな会社（「消費者独占企業」と名付けられている）に投資しよう
・そういう企業が、他動的要因（自らの責によらない要因）や一時的な不具合で暴落した時にドサッと買おう
・よくわからない会社の株は買わないようにしよう
・ROE（株主資本利益率）を重視しよう。暴落したへっぽこ企業より、ブランド力や独占力のある企業の株をそこそこの値段で買うほうがマシ！

といったことが書いてあります。

最強の企業は規制のない水道会社。水が1リットル1000円になったとしても、飲まなければ死んでしまうので、みんなしぶしぶ買いますよね。水はブランドではありませんが、需要が大きいので、独占したらやりたい放題です。でも、それはさすがに人間としてダメでしょう……というわけで、現実には価格などの規制があります。こういった、あたかも水を独占しているようなすごいビジネス会社を探しましょう！　ということです。

その他、ファンダメンタル的指標の解説や簡単な練習問題などもあり、学びになることも多いと思います。

邦訳は2002年刊行なので今の時世に合わない表現もありますが、時代を超えて読みつがれる原理原則自体は色あせるものではありません。

私は基本的にはバフェット氏の教えに従って、独占力が高めの安定企業を中心に取り扱っています。国内であれば、コマツ、ビックカメラ、武田薬品工業、日本たばこ産業など。

その他、米国株も同様の指針で、バークシャー・ハサウェイ、ボーイングなどを保有しており、幸いにも最近は大きな損失は出していません。

効率的市場仮説編

『ウォール街のランダム・ウォーカー』(バートン・マルキール著、井手正介訳、日本経済新聞出版社)

効率的市場仮説をざっくり解説すると、

・テクニカル分析もファンダメンタルズもお前らにとっては意味なし
・なぜなら株価には既にすべての情報が織り込まれているからだ
・すべての情報には、現時点における未来予測や期待値も含まれている
・新たな情報が現れても、みんなが合理的に動いて瞬時に株価に反映される
・だから今日の株価の動きなんてランダムなのだ
・結論、考えるだけムダ。パッシブファンドに投資しよう

……とまあ、身も蓋もないことを主張している説です。しかし現実問題として、人類はそこまで合理的でも賢くもないので、市場が完全に効率的になっているとは言い難いんです。だから「仮説」としているわけです。「効率的市場理論」ではないんですね。

とはいえ、高度に発展した現代の市場はおおむね効率的だとも言えなくはないので、それに基づいて地道に投資をしませんか……ということ。無理のない主張です。

しかし、株価にすべてが織り込まれているのにどうして投資したら儲かるって言えるんだよ！　という気もしてきます。そこは、「人類全体の経済成長に株全体が恩恵を受けますよ〜、そしたら株のパイ全体が膨らむね。どこが大きく膨らむのかはわからないけど、

全体的には膨らむ。だからパイ全体に薄く広く投資したらいいですよ」というような話。

「じゃあなんで経済成長すると言い切れるんだよ」というか「経済成長自体が織り込まれてるんじゃないのかよ」と次々に疑問がわくわけですが、これは技術革新や人口増加などによるのでしょうね。

私たち個人でも、昨日も今日も明日も似たような生活を繰り返しているように見えても、毎日何かをがんばっていれば、ほんの少しずつ改善しているじゃないですか。新たな便利技を思いついたり、何かのムダに気づいたり。企業や政府でも同じことなので、世の中は徐々によくなります。その成長傾向を自分が取りこぼさないように、資産をその発展の動きにペッグして増やしていきましょう。そして、成長が確定するごとに株価にプラス分が織り込まれるでしょう……という、至極真っ当なお話です。そのためには広く薄く、大きめの指数などに連動するパッシブな運用を行うファンドに投資するのがよい、とされています。

ただ、私がこの本を最初に読んだときは、結構イロモノ扱いされていた記憶があります。しかし、時間が経ち徐々にこの考えに人気が出てきました。それを裏付けるように指数は順調に成長し、今や猫も杓子もオルカン（eMAXIS Slim 全世界株式）やS&P500に投資する時代です。

今では主流の考え方の一つなので、この本を読むのはいいと思います。

ただ、ここで注意点が。

先ほど「**常に自分の手法を疑いまくってちょうどいいくらい**」と書きました。

・果たして経済成長自体が、永遠に続きうるのか？
・市場の資金のほとんどがパッシブ運用になったら……。つまり、マネっこばかりが増えたら、アクティブによる価格形成機能が鋭敏に作用しすぎて、いつか修復不可能な大クラッシュを引き起こすのではないか？

といった杞憂やそれが実際に起こる可能性を常に忘れず、きちんと自分の意見を持つことが大切だと思います。

怪しげなテクニカルを信じ込んだ人たちを、効率的市場仮説を信じ切った人がバカにして笑うのは、やはり滑稽なことですよね。テクニカル分析が悪いというよりはむしろ、**妄信してしまうその態度が問題**なのです。

また、バフェットの選択術と効率的市場仮説は同時に成立しえません。語弊を恐れずに言えば、どっちかが（もしくは両方が）間違っていることとなります。だって互いの存在を否定しあっていますからね。

それゆえ、偏らないように両方セットでお読みになるのがよいと思います。

本は本、理論は理論、仮説は仮説です。まずはすべてを疑いながら読み、自分の考えを内省し疑うこともやめず……。それでもなお残る投資哲学を身につけていけば、それなりにまっとうな道を歩めるのではないでしょうか。

「投資の神様」と言われるバフェット氏でも、いくつも失敗はしておられます。「**完璧な理論などありはしない**」と肝に銘じて投資の勉強をしましょう。

まとめ

- 株は「最初に何から学ぶか」が大切
- 理論や手法を妄信せず、常に疑い続けること

狙うは地域最安値
月イチのウエルシアまとめ買い

私は基本的に1日2食で、朝食はほとんど食べません。平日の昼食は株主優待などの消化であれこれ外食することが多いです。夕食は自炊ですね。

この自炊コストを落とすためには食材調達法にも工夫を凝らしたいところ。できれば地域最安値の食材を仕入れて安く抑えたいものです。

ということで私は「ウエルシア」というドラッグストアへ行き、月イチで買いだめをしております。ウェルシアじゃないですよ。「ウエルシア」です。間違えないようにしましょう。関係ないですがキャノンではなくキヤノン、キューピーではなくキユーピー、富士フィルムではなく富士フイルムなのは有名な話。

話を戻します。私がウエルシアを選択している理由は、毎月20日に開催される「お客様感謝デー」（※執筆時点）のためです！

このお客様感謝デーは、ポイ活と極めて相性がよいのです。キモとなるのがTポイント。

青と黄色で彩られたあの有名なポイントです（編注：2024年4月以降、Vポイントに改称予定）。基本的な価値レートは1Tポイント＝1円なのですが、お客様感謝デーの時はなんと「1Tポイント＝1・5円」としてウエルシアで200ポイント以上から利用できるのです！ この世にポイントは数あれど、1・5円で使える機会はそうそうありません。ポイ活をまじめにやっていれば1万や2万ポイント程度は意外とすぐに貯まるので、毎月20日を狙い、ここぞとばかりにブチ込むわけですね（24時間営業店は7時〜24時までなので注意。ウエルシア薬局HPより）。

1ポイント1・5円換算ですと、割引率は約33・3％。さすがにこれだけの割引があれば、食品専門ではないドラッグストアのウエルシアでも、食材が圧倒的な地域最安値になるケースが多いのです。使わない手はありません。

考え方としては、1・5倍デーがあるからTポイントを貯めているというよりは、大量保有したポイントの最適な使い道、という感覚です。結果は同じことですが。

支出の最適化に血道を上げていると、ポイントの消化についても最適解を求めてしまうものなのです。

ポイントの価値は現金より高い!?

ところでよく「ポイントだから無料だし、ちょっといいもの食べちゃおう！」と言うと思います。あれは、むしろ逆です。

今の時代は、ポイントは基本的に1ポイント＝1円として現金（同等物）にいつでも変換できますよね。そのうえで、お客様感謝デーのようなポイントのみが参加対象となる施策があります。となると、現金よりもポイントの方が使い道の選択肢は多いかもしれません。つまり、ポイントの価値は現金よりやや上とも考えられるのです。

もし仮に現金で思いのままにポイントを買う（「バイポイント」と言われます）ことができれば、この逆転現象は起こらないのですが、そのルートはかなり限られているんですね。

ゆえに「ポイントだから無料だし、ちょっといいもの食べちゃおう！」という考えは改めたほうがよろしいかもしれません。ポイントは優良資産です！

というわけで、貴重な貴重なポイントです。普段の買い物には利用せず、1・5倍デーでここぞとばかりに使うわけです。無駄遣いするわけにもいきません。最も効率のよい食材を、最も安値で、最もおいしくいただきたいところなのであります。

さて、ウエルシア店内を放浪していると、運がよければ半額商品を見つけられます。20日にこれを買うと、半額からさらに33％引きとなるので、実に売値の1／3という驚異的な安さになるわけです。「半額商品は対象外」にならないのがお客様感謝デーのよいところ。なじみのウエルシアを観察していると、なんとなくこの半額タイミングもわかってくるものです。

20日の昼ご飯はこの3分の1おむすびなどでしのぎ、あとは向こう10日ほどを見据えた買いだめをします。

こちらは、とある月のウエル活記録です。

卵30個、納豆12パック、ベビーチーズ12個、豆腐8パック、牛乳2本、タン2パック、ベーコン1パック、ちくわ4パック、漬物1袋、野菜ジュース2本、カラムーチョ1袋、アルフォート1箱、堅ぶつ2袋、グミ5袋、発泡酒2本、ゼロコーラ1500mℓを6本。

実際にこれで10日間前後はしのいでいます。お米は別途、優待などで調達します。ちなみに、この時はお菓子をたくさん買って贅沢していますね。反省です。

これでおよそ３０００Ｔポイントを消費しており、レシート上の値段にすると４５００円くらいになります。都合１５００円ほど割安になったというわけです。

さらに、ウエルシアはドラッグストアなので、食材以外の日用品までなんでもそろいます。必要に応じて洗濯用洗剤、トイレットペーパー、ボディーソープやシャンプー、歯磨き粉、掃除用品、靴下など、なにもかもお客様感謝デーのタイミングで仕入れちゃいましょう。

買いだめは節約の基本ですね。

まとめ

- 毎月20日はウエルシアへ
- ポイントを最大限活用できる方法を考える
- ポイントの価値は現金より高いと考えられる場合もある
- 基本は買いだめ

現金？ クレジットカード？ お金が貯まるのはどっち？

みなさんは現金派ですか、クレジットカード派ですか？

私は**プリペイドカード派**です！！！

金銭的な話だけに目を向けると、現金よりクレジットカードが100％有利であることは自明です。

その理由は、まず支払いを（金利0％で）先延ばしできること。次に客観的な利用履歴が残る決済の確実性。最後に、ポイントなどの還元施策による直接的な利益です。

ここでは3つ目の「ポイント還元」の利点を活かす方法を考えていきたいと思います。

クレジットカードのポイント還元とは言わずもがな、購入額の一定割合がポイントとして付与されるサービスですね。たとえば1万円分の買い物で1％、すなわち100ポイントもらえるなどです。この100ポイントは多くの場合100円相当の価値を持ち、次回の買い物に使えるわけです。わずかなものですが、節約がはかどります。

ですから、より還元率の高いカードがほしくなります。１・５％なら１５０ポイント。２％なら２００ポイントもらえますからね。ちりも積もれば山となりますが、どうせなら大きめのちりを集めたいところ。

そしてあなたはネットで「クレジットカード　高還元」などと検索し、カラフルでごちゃごちゃしたクレカ紹介アフィリエイトサイトにたどり着き、本当にそれが高還元なのかいまいちよくわからないまま、根負けしてとりあえず１・０〜１・２％程度の還元が得られるクレジットカードを申し込むはずです。「だって、新規に作ったら４０００ポイントもくれるって書いてあるからさ。少し得したよな。満足だよ」と。

しかし、ドケチの民は、支出シーンでこの手のクレジットカード（以下、クレカ）を直接使うことはめったにありません。通常はプリペイドカードや各種ＱＲコード決済、電子マネーなどにチャージし、それらを使います。理由は、**ポイントを多重取りしたいから**です。

ＱＲコード決済（以下、Ｐａｙ）が一番わかりやすい例で、実際にやっている人も多い

図25

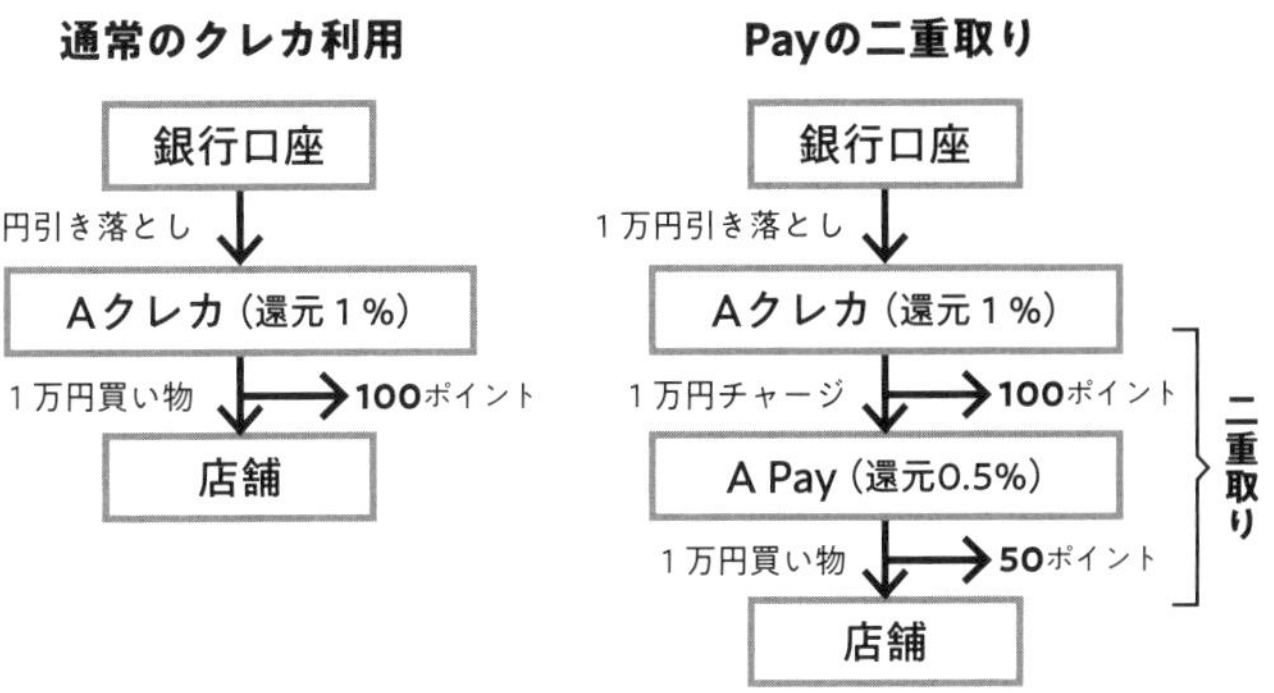

のではないでしょうか。というか意識せずやっている可能性も。お金の流れを図式化すると上図のようになります。

間にＡＰａｙを挟むことで、さらに50ポイントが得られました。お得ですね。

しかしＰａｙは使える店舗が限られ、自由度は低いです。「使える店が増えています！」と言ってもそうでもないし、ネット決済もカードしか使えないサイトが多いです。

そこで役に立つのが、「プリペイドカード」（以下、プリカ）です！

なじみのない方もいると思います。プリカとは、前もってお金をチャージして、その分だけクレカのように使えるカードのこと。プリペイドなので信用上の問題でクレカの審査で落ちてしまう人でもつくれることが多いです。

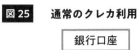

図26

プリカ利用

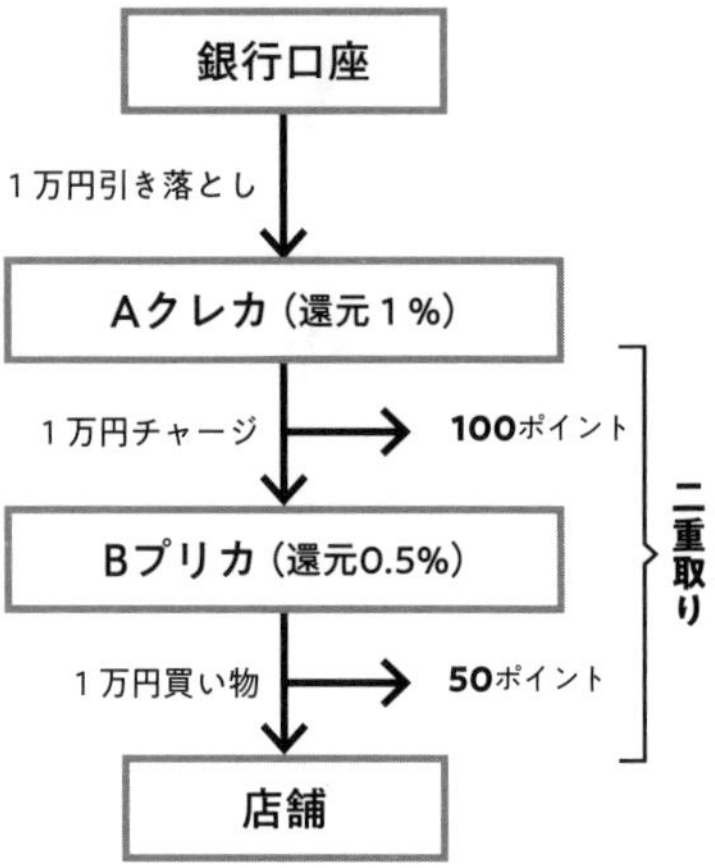

プリカは、クレカと同様にカード番号、使用期限、裏面のセキュリティコードが付与されており、カードの見た目も区別がつきません。唯一異なるのはカード名義人です。自分の名前ではなく「PREPAID MEMBER」と印字されていることがあります（本名の場合もあります）。

プリカはごく一部の例外を除き、クレカが使える決済シーンなら店舗でもネットでも、同じように使えます。一部の例外とは、年会費のような継続的な支払いなどですね。

クレカからプリカにお金をチャージして使う場合、その構造は図26のようになります。二重取り構造はそのままに、Ｐａｙより自由度が高くなります。なぜならプリカはクレカと同様に決済できるので、Ｐａｙより使える店が多いからです。

そしてこうなれば当然、あなたは次の図27に思考が至るはずです。

うまくいけば**三重取り！**　しかし実のところ、Aクレカ→Bプリカ、およびBプリカ→A Payのチャージにはポイントが付かないこともあります。Aクレカにしてみれば「チャージばっかりするなよ！　店舗で決済してくれないと困るよ‼」と思うんでしょうね。

そこで、特定のプリカチャージにはポイントを付けませんよ、とされていることもあるのでご留意ください。**規約のポイント対象外の項目を穴が開くほど読みましょう。**

図27　プリカ&Pay利用

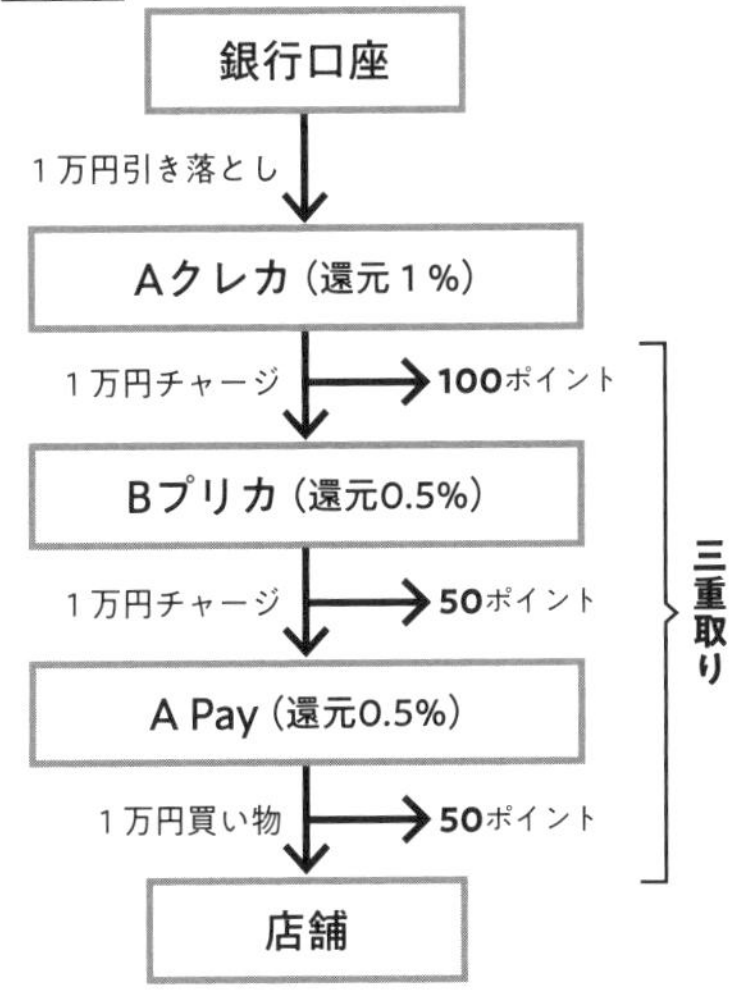

付与対象外の他に、システム的にA Payの支払い元にBプリカを設定できない仕様になっていることもあります。この「できる・できない」の仕様はよく変わるので、実際に試してみたり、最新の情報を集めたりして、できる組み合わせを探すしかないです。

図28　四重取り？

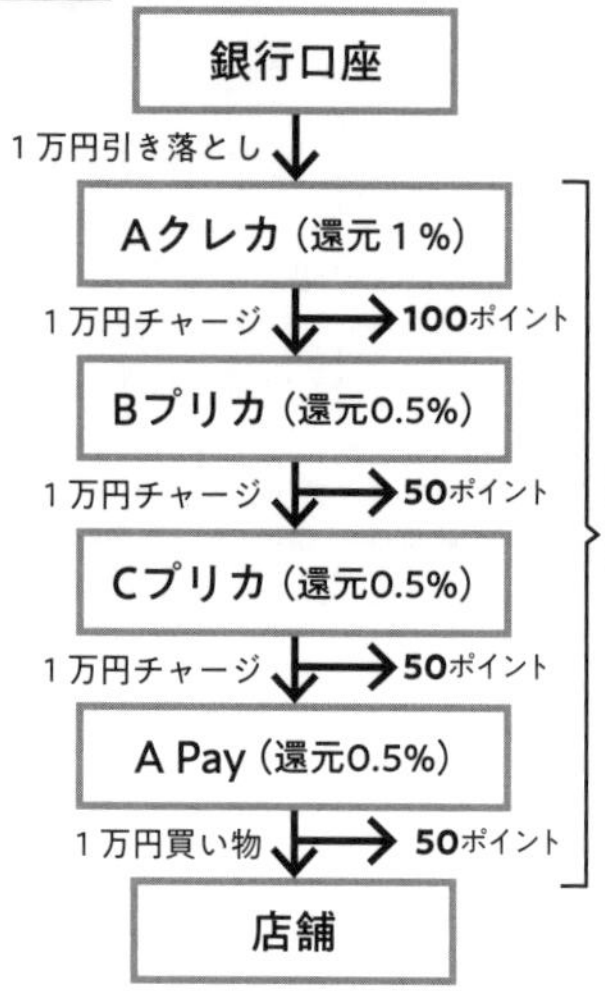

図29　四重取り

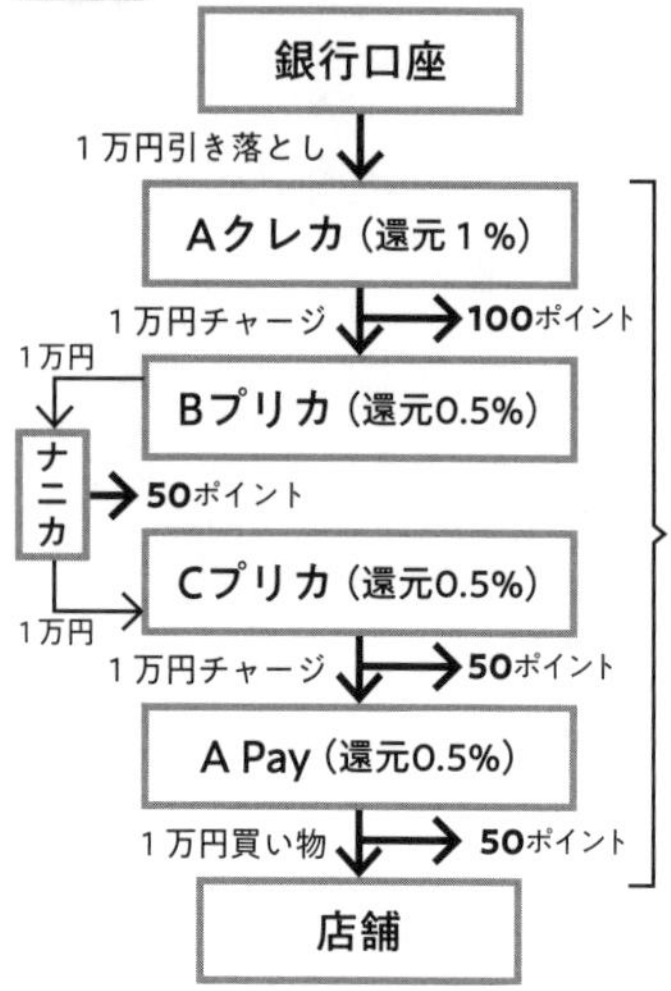

さて、さらに欲深いあなたは、図28のようなことも頭に浮かんだのではないでしょうか。

驚異の四重取り！　もっともっと連鎖させれば五重取り、六重取りも……。

しかし、これは現実的ではありません。Bプリカ→Cプリカの流れが、まず不可能だからです。プリカからプリカへチャージしようとすると、通常は「このカードはチャージに使えません」と出てしまいます。残念でした……。

しかーし！　実はやってやれないことはないんです。労力はかかりますが、その手順は図29になります。

「ナニカ」ってなんだよ！　とお思いでしょうが、ナニカはナニカです。

いや、別に意地悪で隠しているわけではないんです。アホらしい小ネタなので書きたいんです。ただ、書籍に書いて多くの人がこれをやりだすと、ナニカの処理に人員が割《さ》かれて大変迷惑がかかるお店が出てくるんですね〜。そういう事情があって伏せさせていただいております。申し訳ありません……。

まあ、ナニカには少し労力がかかるのであまりお得ってわけでもないんです。あなたはそこまでして0・5％がほしいんですか⁉　という類いのものなので気にしないようにしましょう。そんなものが世の中にあるんだな〜、ポイント関係の求道者も大変ですね〜、というお話でした。

最後に、プリカの重要な使い道をもう一つ。

クレカのキャンペーンで「9月中に決済で、もれなく5％還元！　上限はなんと1万ポイント！」といったものがたまにありますよね。この例ではポイント付与上限が1万ポイントだから、買い物額の上限は1万÷0・05＝20万円までです。これはかなりいいキャンペーンです！

しかし、お得だからといって、あれもこれもと買い物しまくっては、何が何だかわかりません。それこそムダです。完全に乗せられていますす。

「**支出しなければ還元率は100%**」

この宇宙的名言を肝に銘じておきましょう。

でも、世の中には困った人がいるものなんです。「5%のポイントがほしい！　絶対にほしい！　何も買わずにポイントだけがほしいんだよ！」という信じられないようなワガママ君が。こういう人は、プリカにドーンとチャージしちゃうんです。先ほどの例では20万円ですね。これで付与上限1万ポイントをゲットです。とりあえずダムのようにお金をプリカに貯めて、あとで必要な支出にゆっくりと使おうということです。

ただし、「プリカへのチャージはポイント付与対象外！」としているキャンペーンもあります。**チャージ前にキャンペーン規約を死ぬほど確認することが絶対必須**です。「規約を全部読んだ。これはいける！　プリカも絶対に付与対象だ！」となってから慌ててプリカをつくっても遅いので、あらかじめつくっておくといいですね。

まとめ

- プリカなら、ポイントをもらえるタイミングが複数ある
- プリカなら、お得キャンペーンのためのお金のストック場所として使える

貯金がはかどる プリカの「2大機能」

みなさんは現金派ですか、クレジットカード派ですか？

私はプリカ派です！（2回目）

最近はいろいろな電子マネーやカードが増え、世に電子決済の波が押し寄せてきました。消費のほとんどを電子的な決済で済ませる人も増えてきましたね。

私は2014～2015年ごろに財布をゴミ箱に捨てて以来、緊急用の千円札以外は現金を持ち歩かないスマートなスタイルを継続しております。

スマホケースにプリカ1枚と1000円だけを入れています。他にはQUOカード、牛丼店やファミレスの優待券、おこめ券、ジェフグルメカード、信販系ギフトカード、ラーメン屋の割引券、激安鉄道切符、うどん券くらいのもの。これのどこがスマートなんだと。

もはや、スマホケースが重いです。

財布を捨てるとまではいかなくても、世間では電子決済の比率が確実に高まってきております。

しかし、まだまだ現金を使い続けている人が多いのも事実です。電子機器が苦手な高齢者に多いイメージがありますが、レジを観察していると、幅広い年代でまだまだ現金が愛されている感じがします。高校生も意外と現金が多いです。

こういう世相になると目くじらを立てて「いまだに現金使うやつって!」とあおる者も現れます。お気持ちはわかりますよ。大きなメリットがあるにもかかわらずそれを採用しない者を見て、老婆心ながらに強くすすめてしまう気持ち、あると思います。目の前で膨大な計算をそろばんでやっている人を見たら、誰だって電卓やエクセルをおすすめしたくなるもの。しかしそんな心が過激化すると、やたらとネットであおりたてる電子マンも出てくるわけです。

そしてこうなると、売り言葉に買い言葉、現金派だって黙ってはいません。現金のメリットを並べ立てて応酬します。そこでよく見られる主張は、

・災害時は現金が必要
・電子はめんどう!

・お金の管理がしやすい

といったところです。災害時のためや、そもそも現金に慣れているからという理由はもっともなことですね。ちゃんと災害に備えている人や、現金が落ち着くという人の首に縄をかけて無理やり電子マネーを使わせる必要はありません。

しかしちょっと立ち止まりたいのが3つ目の理由です。「お金の管理がしやすい」。**これは本当にそうなのでしょうか**。もしかしたら、売り言葉に買い言葉で並べ立てた後付けの言い訳ではないかと感じるのです。

「お金の使用記録が簡単にたどれる」というメリット

たとえば、「去年の11月16日に使った金額を1円単位で教えてください。いくら時間をかけても構いません」。こんな意地悪な質問をされても、かなり緻密に家計簿をつけている人でなければ答えられないですよね。

他方、電子決済に統一していれば去年11月16日の支出を調べることは可能です。**記録性という意味では絶対に現金より電子が優れています**。

さらに「お金の管理がしやすい」の意味には「クレジットカードだと際限なくバンバン使っちゃう！　でも現金だったらなくなったらそれまでなので安心！　借金せずに済む」という意味もあると思います。

さらには、「物理的な紙幣や硬貨を触らないから使っている実感が湧かず、ついつい使ってしまいそう」という心配もあるのでしょうね。

そんなときにおすすめしたいのが……これまたプリペイドカードです！　**給料日に10万円をプリカチャージして、「今月はこれで過ごすぞ！」というように使えばよい**のです。自分で追加チャージしない限り、10万円以上使ってしまうことは絶対にありません。ここがクレジットカードと大きく異なるところです。いつもニコニコ前金払い。

いちいちプリカの物理カードで決済するのは面倒なようですが、いまやスマホでタッチ決済できるプリカも多数あります。

物理貨幣じゃないから使っている実感がないというのはあるかもしれません。ただ、私のプリカの場合は使うたびに、

「110円使いました。残り9万9890円です」

「346円使いました。残り9万9544円です」

というメールが飛んできます。

これは、使った実感が湧きますよね。昨日使ったお金をよく覚えていなくても、このメールを見て思い出すこともしばしばです。**家計簿とワーニング機能があるん**ですね。

私はあらゆるキャンペーンやチャンスに対応するため、多くのプリカを所有していますが、家計簿管理という観点では「MIXI M（リアルカード）」「au PAY プリペイドカード」の2枚が、利用額が見やすいため使いやすいと思います。

というわけで、節約したいけどお金の管理に自信がない方、管理能力の不安ゆえに現金を使っている方は、一度プリカの導入を検討してみてはいかがでしょうか。お金が貯まるようになるかもしれません。

まとめ

・プリカなら、前払い式なので使いすぎない
・プリカなら、大きな請求が数か月後に来てビックリ！　がない

1円もムダにしない「金券活用法」

私は夕食の自炊風景をXなどでよく紹介しているのですが、昼食は外食が多いです。昼食は主に株主優待券を使うと同時に、その他の金券、QUOカードやジェフグルメカードなどの貴重な出口ともなっています。

貴重な出口、というのは変な表現ですが、ケチな独身生活者がまじめにポイ活や優待活などをしていると、金券類は積みあがる一方。つまり使い道がないのですよ！　かといって無駄遣いするわけにもいかず、こうやってなるべく日々の必要支出に当てはめて使っていくわけですね。

金券、と一言で言ってもこの世の中にはさまざまな金券があります。

・QUOカード
・ジェフグルメカード
・クレジットカード系ギフト券

・おこめ券
・Amazon ギフト券　などなど…

当然ながらそれぞれ用途は異なり、額面が同じ1000円だったとしてもその価値は完全に同じではありません。こういう細かいところにやたらこだわるのが、FIRE修行者のサガであります。

もらってうれしい！　金券ランキング

私なりに先ほどの金券類を価値のある順に並べると次のようになります。

1位　おこめ券
2位　ジェフグルメカード
3位　クレジットカード系ギフト券
4位　Amazon ギフト券
5位　QUOカード

このリストに株主優待券を入れるとすれば、会社次第ですが4位と5位の間、もしくは5位以下となりそうです。Amazonギフト券を超えられる株主優待券は、ごく一部の例外を除いてほとんどないでしょう。

では何を根拠にこのようなランキングになったのか？

それは**「現金化の簡単さ」と「用途の広さ」**です。

日本で最強の金券は、言わずもがな日本銀行券です。つまりお金。1000円札にまさる1000円の金券など存在しません。すなわち、できることなら金券類は等価でお金に換えたいわけです。そのほうが便利ですし、どこでも使えます。

その理由から、**1位はおこめ券**にしました。

「えー！　なんでやねん！　おこめ券ってお米しか買えないんじゃないの？」と思われるかもしれませんが、それは先入観です。

おこめ券（全米販発行）またはおこめギフト券（全農発行）の価値は、1枚につきお米1kgとされてはいるのですが、実は1枚440円として貨幣のように使うこともできるのです！　しかも**お釣りが出ることがあります**（全米販HPには「基本的にはお釣りが出ない」と、全農HPには「お釣銭の出ないようにご利用ください」とそれぞれありますが、お店によって運用がまちまちです）。

もちろん、どこでも使えるわけではありませんが、一部のスーパー・コンビニ、ドン・キホーテ、ドラッグストアなど、食料を扱っている店舗であれば使えることが多いです。お店によっては、「米を含む食品でなければダメ」や「何にでも使えるけどお釣りは出さない」など、独自のルールを定めている場合もあります。ただ、店員さんの理解不足で、アドリブでルールを回答していることもあります。「釣りは出ない」などと言われたら、必ず複数人に確認しましょう。

もちろん狙うのは、「何にでも使えて、お釣りの出る店舗」。1010円の代金を株主優待やクレジットカード系ギフト券で1000円分支払い、残りの10円をおこめ券で支払えば、430円のお釣りが手に入って首尾よく現金化できますね。

おこめ券に限らず、金券類は置いていても運用にすら回せませんので、**早めに現金化**してしまいましょう。

同様に、2位はジェフグルメカード（以下、ジェフ）です。これもお釣りが出ます。

ただし用途は、利用可能なレストランでの飲食のみ、とかなり限定されています。額面は500円なので、おこめ券と同様にお釣りの最大化を狙って食事します。

最も効率がいい外食費は501円、1001円、1501円……などになります。つまり（500n＋1）円で提供される定食等になります。端数の1円へ500円のジェフを1枚行使し、499円のおつりをもらおう、という魂胆ですね。

金券活用のレベルが上がってくると、外食は「おいしさ」「ヘルシーさ」より、いかに501円に近くおつりが多いか、という判断基準でご飯を食べるようになります。490円のうまくてヘルシーな定食（ただし現金払いのみ）より、510円でそこそこの味のする、ジェフが使えるチェーン店の方に足が向きます！　500円を優待で、10円をジェフで……と支払えたら、勝利感がすごいです。

冷静に考えれば10円20円のことですが、優待券・金券の出口を徹底的な合理性のもとで突き詰めると、この境地に行きつく人が多いんです。味などどうでもいい、10円の取りこぼしも許せない、とにかくお釣りがたくさんほしい！　と。

人は食べるために生きるのではなく生きるために食べるのならば、我々は食べるために金券を使うのではなく金券を使うために食べるのです。

ほとんどレクリエーション化しており、パズル感覚で無意識にやっていますが。価格改定が頻繁に起こるので、そのたびに**500n＋1円を目指してメニューを凝視**することになります。

3位はクレジットカード系ギフト券。これはJCBギフトカード、Visaギフトカードなどのことです。ジェフと比較して一長一短があり、2位と迷いました。

これらは、1000円券の流通が多いです。ドン・キホーテやスーパーをはじめ、デパートなど、さまざまなショップで使えるのがよいところ。ただし、これはお釣りが出ません！　よって1000円以上の買い物に混ぜ込んで使うしかないのです。これが意外と不便。ドケチをまじめにやっていると1000円以上の買い物をする機会があまりないですし。

一方で信販系ギフトカードは、**妙に買取価格が高い**のです。チケットショップで97・8～98・0%くらいの非常に安定した相場で買ってくれることがあります。

ここまで高く売れるのであれば、そうしたほうがよいのではないか、とも思えてきます。だって、たとえ980円で売ったとしても、そのお金を原資にして総還元率2・0%以上のQRコード決済にチャージして払ったほうが得じゃないですか。

合理化もここまでくると数円の話になりますが、徹底的に考えるというのはこういうことです。私はあまりチケットショップに売ることはしませんが、理論上は売ったほうが得でしょう。その場合は、おこめ券を凌駕して1位になるかもしれません。

なお、チケットショップでは1万円未満なら、匿名で売ることができます。個人情報などを気にする人は10枚ずつ売るとよいでしょう。

4位のAmazonギフト券は説明不要、皆さんご存じのまあまあ便利な電子券であります。最近のAmazonの商品価格は、他と比べて妙に高いですが、品ぞろえの関係でどうしてもAmazonでしか手に入らないものもありますからね。おおむね現金に近い感じなのでもらったらストックしておきましょう。

5位はQUOカード。株主優待やらなんやらでやたらとたまるこのカード。しかし正直言うと額面が1000円でも価値は1000円よりずっと低いです……。

その理由は、使える店舗の少なさ。残高方式なのでお釣りという概念もありません。全国のコンビニで使えるのはよいものの、コンビニは物価が高すぎます。**お金持ちになりたければ、コンビニに行ってはいけません。**

コンビニ以外の使い道はかなり限られ、ごく一部のファミレスやガソリンスタンドで使えますが、こちらも割高な店舗ばかり……。かろうじて使えそうなのは、マツモトキヨシ（以下、マツキヨ）や書店です。しかしマツキヨは別項で述べた「ウエル活」と商品が丸被りするため、私はなかなか行く機会がありません。

「どうせもらい物なんだから、割高のコンビニでも普通に使えばいいだろ！」というご意見もあろうかと思いますが、調達コストほぼ0のカードであっても、割高な商品を買うのはイヤです。病的な節約感覚と言われようとも、イヤなものはイヤ！　とはいえカードが積みあがると、それはそれで気になってくるので、しぶしぶコンビニの割高おむすびを食べて枚数を減らしているのが現状です……。

なお最近はＱＵＯカードＰａｙというものもできましたが、物理カードと連動できないのが痛いです。実質使い道はありません。

まとめ

- 金券は「換金」を第一に考える
- プレゼントするならＱＵＯカードよりおこめ券にしよう

1億円を貯めた献立

貧困生活を20年以上続けて1億円を貯めた私を見て、読者の皆さんは、「こいつ毎日何食って暮らしてきたんだ」と気になるところでしょう。

はい。私は20年間泥を食って生きてきました。貧乏人は泥を食え。1億円は修羅の求道のたまものです。

でもその他、普通の有機物もこっそり食べていましたよ。平たく言うと食事ですね。そんな気になる億り人の自炊メニューをご紹介しましょう！

特に代わり映えもせず、左ページのようなメニューを延々と食べているだけです。たまに魚か肉が加わります。「のりと卵とみそ汁」のような真人間の朝食セットを夕食として食べることが多いです。理由は安くておいしいからです。朝食は基本的に食べないのですが、たまに小腹が減ったときは、マヨネーズをウィダーインゼリーのように飲んでいます。

億り人の豪華すぎる食卓 1

おむすびと卵焼き

こういうのでいいんだよ

のりと卵とみそ汁

豪華夕食セット

マヨネーズ定食

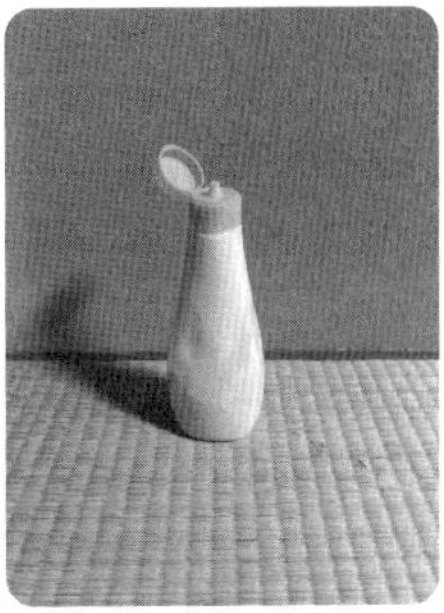

1秒チャージ

カレー粉水溶液

もはやカレーではない
(具なし)

もやし定食

もやし炒めと生卵のセット

リンゴ

この中で一番高いやつ

また別の献立も6つ紹介しましょう。

質素ですね〜。やはり中心は卵、納豆、豆腐です。ウエルシアの買いだめで集めてきた食材を少しずつ食べています。

「栄養バランスは大丈夫なのか、病気にならないのか」と聞かれることも多いのですが、体は非常に元気にしております。安い食材を選んで食べていたら自然と低脂肪高タンパクになっていたのですね。

また前述のとおり、私はこのブラック企業勤めの暮らしを獄中生活になぞらえています。そこでよりリアリティのある生活を楽しもうと、刑務所で使われている食器を購入しました。三信化工という会社が製造しているものです。いざ使ってみると軽くて割れず、意外と便利なんです。レンジでチンができないところだけが唯一の不満ですが。

上段の真ん中に「ネギ畑」とあるのは、牛乳パックで自作したものです。側面に穴を開け土を入れて根っこの付いたネギを植えると、新しい葉が生えてくるのです！　1株からだいたい5〜10回くらいは収穫できます。

こうやって**日々工夫しながら楽しく食事をする**ことが、節約生活の維持につながっているのです。

億り人の豪華すぎる食卓 2

ゆで卵3個

私の完全栄養食

ネギ畑と豆腐＆納豆

ネギの地産地消

刑務所食器セット

麦飯で健康長寿!?

ネオソフト弁当

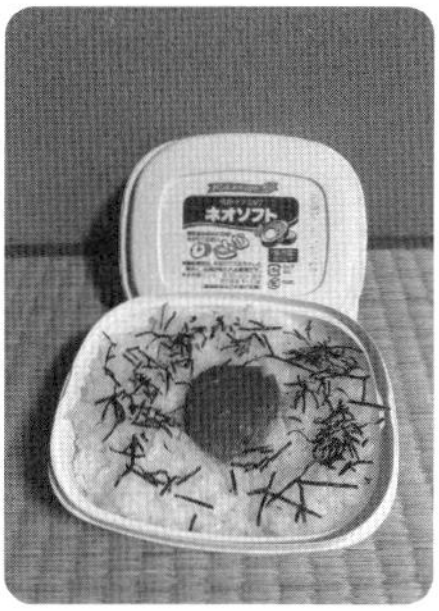

ぜいたくは敵だ

ウエルシア
半額セット

感謝デーで66%値引き

パンとチーズ

ハムは甘え

特に意識して多めに食べているのは卵です。ウソかまことか知りませんが、巷《ちまた》では卵は完全栄養食と言われているそうで……。節約家にとって都合がいいので、私はこの説を強く信じ込んでおり、卵さえ食べていれば命は助かるということにしております。（笑）

それなりに安く、大変おいしく、しかもすべての栄養があるなんてすごいですよね。よく考えたら卵は、そのまま完全体のひよこまで進化しますから、栄養が含まれているという説もそれなりに納得できる感じはいたします。

とにかく私は栄養学など素人なので、あまり鵜《う》呑《の》みにしてマネしないほうがよいとは思います。無難にバランスのある食事を摂ってくださいね。

私の食事メニューは多分真人間の皆様からすると涙を誘うような粗食ばかりですが、**人は食べるために生きるにあらず、生きるために食べるのであります**。

それに、出張や飲み会で普通のご飯が続くと、逆にこういった粗食が食べたくなるんですね。まさにムダをそぎ落とした和食の神髄、とばかりに好んで食べているところもあります。

ただでさえ栄養過多の現代、たまには納豆ご飯だけで過ごしてみるとスッキリするかもしれません。

まとめ

・無理しない範囲で最大限質素な食生活を
・質素な食事こそむしろよい、と感じられるときもある

空き缶と紙パックがあれば、炊飯器はいらない

半年ほど前、炊飯器が壊れてしまいました。

長年使ってきた炊飯器なのですが、センサーの故障のせいかお米を炊いても意味不明の気持ち悪い状態で炊きあがるようになり、泣く泣く廃棄することに……。

買い替えるにも炊飯器は結構高いですからね。できれば買わずに貯金に回したく、それからずっと炊飯器なし生活が続いています。メインは鍋炊きですね。

お米は鍋で炊く

1　お米を1合、研《と》いでから鍋に入れる
2　お米と同体積の常温の水を入れる（＝1合の水）
3　浸水させること10分
4　蓋をして強火で5分

5　弱火で15分
6　鍋を布でくるんで15分蒸らす

これが基本型。総調理時間は45分です。ほとんどは放置時間ですが。

結局のところ、お米なんて少し浸水して適当に一定の熱量を与えればイヤでもおいしく炊けてしまうものなのだと思いました。

すなわち！　炊飯に必要なのは熱量のみで、炊飯器は炊飯の必須条件でもなんでもありません。さらに発展的に考えれば、鍋じゃなくても燃えない容器ならなんでもいいはず。

こうして私は簡易炊飯を求道するようになったのです。その様子をいくつか紹介いたしましょう。

空き缶炊飯のやり方

まずは空き缶炊飯。発泡酒やジュースの350㎖缶でお米を炊きましたよ。

用意するものはお米と水以外に、

・350㎖の空き缶
・卓上固形燃料（20〜25g程度）
・アルミホイル
・網と支え台

です。

手順は、

1 空き缶の上蓋を缶切りで落とす
2 お米と水を入れる
3 アルミホイルでしっかりとふたをする
4 缶の底を固形燃料であぶる
5 燃料が燃え尽きるまで待つ。燃焼時間は20分くらいで火加減無用
6 少し蒸らす

これで、完成！

キャンプみたいで子どもが喜びそうですね。**やけどや火事には十分気を付けましょう**。

お味は、底のほうがおこげになるのがいい感じです。火が強いとせんべいみたいになるんですよね〜。

空き缶炊飯の利点は、炊きあがったら缶ビール用の保冷ホルダーを使うと簡単に保温できることです！　それと初心者でも比較的簡単にできる点ですね。

欠点は缶切りで空き缶のふたを落とすのに少々苦労するところ。まあ慣れたらあっという間にできますけどね。

牛乳パック炊飯に挑戦

お次は牛乳パック炊飯。固形燃料の代わりに牛乳パックを燃やして空き缶で炊くのでは

ありませんよ。牛乳パックの中にお米と水を入れて炊きます。

「え!?」「いやいや、それは燃えるだろ!」と考えたあなた。何事も先入観にとらわれてはいけません。方法は空き缶とまったく同じです。

　紙パックを半分に切り、下半分にお米と水を入れたら、上半分でふたをして加熱します。空き缶のときと同様に加熱して蒸らせば、完成です!

　パックの底が焦げていますが、特に燃えませんでした。

「紙なのになんで燃えないの?」という疑問についてですが、多分パック内の水が常に紙に触れているからだと思うんですよね。それで紙が着火温度まで上がらない、と。まあとにかく燃えませんでした。

パック炊飯の利点は、紙なので切るのが簡単なことです。使用後はそのまま燃えるゴミに出せるのも楽なところ。

欠点は、万が一燃えたらどうしようと不安になることです。**室内で行うときは火災に十分注意してください**。

プリングルズ炊飯

次はプリングルズの容器でやってみました。プリングルズの容器は底部が金属でできているので牛乳パックよりは多少の安心感があります。一方で、プリングルズで懸念されることは、牛乳パックとは違って液体を保管するための容器ではないため、水漏れの恐れがあることでした……。

メラメラメラ……。勢いよく水蒸気を吐き出すシュールなプリングルズ。

なんと、問題なく完成です。水漏れもありませんでした。ただ、こちらも**火災には注意してください**。

なんでもやってみるものですね。

空き缶炊飯、パック炊飯は災害時にも役に立つと思うので、ご家庭で一度練習してみてはいかがでしょうか。結構楽しいですよ。頭で知っている知識と自分がやった体験は全然違いますから、なんでも一度はやってみるものです。備えあれば憂いなしであります。

まとめ

- 炊飯器はなくても生きていける
- 空き缶や牛乳パックがあれば、おいしくお米が炊ける
- 火事には最大限注意すること

合理的私服の「最適解」

突然ですがクイズです。

今、私はどんな服を着てこの文章を執筆しているでしょうか？

「うーん……。この本の著者ってかなりの変わり者だからな。奇抜な服を着ているんじゃないだろうか……」

などとご想像されているかもしれません。実はそうでもないんですよ。もうちょっと想像を巡らせてみてください。しっかりと。よろしいですか？

いま私は……全裸です！

格安ビジネスホテルで執筆をしているのですが、この部屋がとにかく暑いんですよ！

ちなみに椅子に直接座るのは気持ち悪いので、おしりにタオルだけは敷《し》いております。

というわけで、服なんて着なければ服飾費は0円で済みます。

しかしながら、このホテルの部屋から一歩でも外に出たいならば、絶対に何かを着なければなりません。

節約思考のスタートラインはここです。すなわち着られればなんでもいいということ！

そもそもですよ。超かっこよくてセンスのいい服を着た私と、超絶にダサい服を着たイケメンでは、100馬身差でダサい服を着たイケメンのほうがかっこいいわけですよ。服のデザインでモテようとするのは諦めてください。論外です。ああいうのは、もともと一定レベルにある人がさらに上に行くためのアイテムなんです。庶民には関係なし。

となれば、デザインを追い求めても徒労に終わる私たちは服に何を求めていくべきなのでしょうか。

それは、合理性と機能性です。

・安いこと
・丈夫なこと

図30

・乾きやすいこと
・シワになりにくいこと
・汚れても気にならないこと
・ポケットが多いこと
・着やすく脱ぎやすいこと　など

こういった具体的なメリットがある服がいいです。この最適解に近いと思われるものは、ジャージと作業着です。特に作業着。

作業着って皆さんよくご存じですよね。仕事の時に着ておられる読者さんも多いと思います。私は会社ではスーツを着ていることが多いですが、作業着って私服として使ってもいいと思うんです。

土や油にまみれて動き回ることを想定して作った服なので、その機能性はお墨付き。というわけで**作業着こそが億り人こと〝私〟の合理的私服**です。私は、ワークマンで購入した作業着をよく着ています。上下セットで買っても数千円ですし、色やポケットの数など、多くの種類から選ぶことができるのでおすすめです。

こんな感じで機動性を確保し、東にポイ活案件があればすっ飛んでいき、西に無料飯があればバイクをかっ飛ばし……と元気に町中を走り回っています。

また、これよりもう少しカジュアルなデザインの作業着も持っています。見た目のイメージはウクライナのゼレンスキー大統領に近いですかね。こちらはドン・キホーテで買ったもの。とにかくいくら着続けても破れる気配すらないので、もう何年同じ作業着を着ているのかよくわからないほどです。

皆さんもこの合理的ファッション生活を送ってみてはいかがでしょうか。本当に快適に暮らせますよ。

合理的な靴下の買い方

靴下は前述のウエル活などで大量に仕入れているのですが、すべて同じ靴下にしています。私の場合は黒の無地ですね。これしかはきません。これも合理性を求めてのことです。

・洗濯の後にいちいち神経衰弱をする必要がない
・1つが破れても別の靴下と一緒にはけるのでムダが生じない

小さなことですが、貯蓄の最大化に向けて細部まで徹底的に合理化を考えましょう。

まとめ

・服は、必要なければ着ない
・作業着が最強の私服
・靴下はすべて同じものをそろえる

家を選ぶ2つの「絶対基準」

「通勤時間が好きですか？」と聞かれて「好きです！」と答える人はほとんどいないと思います。

私は何度か引っ越しをしているのですが、長めの通勤時間で毎朝毎晩ぎゅうぎゅう詰めの電車に乗っていたころは、ＱＯＬがとても低かったです。

電車が混んでいて物理的につらいというのもありますし、あの独特の雰囲気が苦手というのもあります。私も含めて全員がゾンビのような顔でひしめき合い、わずかなスペースを使って黙々とスマホをいじっている……。

しかも、通勤時間には時給が発生しません。これはもはや人生における莫大な債務、巨大赤字事業なのであります。これを回避するためならドケチの私でも月数万円なら支払って職住近接の場所に引っ越したいな〜、と思うんですね。

というか実際にやったことがあります。電車通勤が無理すぎて突発的に家を解約し、当時の勤務先のめちゃくちゃ近所に引っ越しました。徒歩数分レベル。家のスペックなどどうでもよくて、とにかく立地、立地、立地です。

現在なら、物件はインターネットなどで探せると思います。ただ、会社周辺の物件を探すなら、実際に歩いて探してみるのも手です。ネットで出てこない物件や、不動産会社を見つけられることがあります。

そうしたら生活が一変しました。特に深夜サービス残業上等の弊ブラック社では、圧倒的に生活の質が向上します。

一番うれしかったのは、**昼休みに家に帰って少し寝られる**ことでした。とにかく睡眠時間が削られるブラック残業ですが、この横になっての昼寝は大きいです。電車通勤で疲弊することがなくなり、体力と精神はみるみる回復していきました。家賃は少し上がったけど、ここはお金の使いどころでした。あの時はドケチせずに活き金を使ってよかったなと心底思っております。

昨今はリモートワークも登場しました。夢のような生活ですね。選択肢があるならばまずは絶対にこれを狙いたいところです。弊ブラック社は当然強制フル出社ですが……。

というわけでやっぱり、会社と家は近いほうがよいです。通勤と仕事に疲弊して心を病んでしまうくらいなら、多少の出資をしてでも立地を優先してもいいでしょう。

ただし**「家賃は収入の〇割にする」といった話に惑わされてはいけません**。これは「〇万円までは、家賃に使っていいのではないか」という上限の話。鵜呑みにすると、自然とその金額に近い家賃まで許容するようになっていってしまいます。あくまで、「**できるだけ家賃は低く**」という原則は忘れないようにしましょう。

まとめ

- とにかく会社の近くに住むこと
- 昼休みに自宅で休息が取れるのは最高
- できるだけ家賃は低く

実録！　これが億り人の大豪邸だ

図31　住んでいるのはこんな部屋？

ブラック企業勤務20年、超節約を経て1億円貯めました！　などと言うと、「この人どんなところに住んでいるんだろう」と気になる人もいるでしょう。

多分私は、世間様にはこういうところに住んでいると思われている気がするんです（図31）。

これ……半分は正解です！　というのは、実はこれは私が昔住んでいた部屋の間取り図だからです。ブラック寮。

家賃は激烈に安くてほぼ無料だったので

すが、室内には本当に何もなく、キッチンも水道もトイレも風呂もありませんでした。エアコンも当然なし。今時、刑務所にだって水道とトイレくらいはあります。ちなみに、必要なときは部屋の外にある共同トイレや共同水道、共同風呂などを使うようになっていました。

この図には家電製品がありませんが、本当に、何もなかったんです。まさにこのとおり。すなわち室内にある電気で動く機械はPCのみだったんですね。この部屋の中には、布団とPC、そしてFIREの夢以外は本当に何もありませんでした……。

「生活していて不便じゃなかったの?」と疑問に思うかもしれませんが、基本的に早朝から終電までずっと会社に監禁されていたので、ぶっちゃけ家はどうでもいい感じでした。

現代っ子にはなかなかつらい環境なので嫌って出ていく者も多かったのですが、私はFIRE貯金が必要だったのでそこそこ長く住んでいましたよ。

しかし、20年も勤めていると人事異動や引っ越しもあるものです。私はブラック寮を追われ、何度か転々としたのちにたどり着いたのが、今借りているボロアパートです。格段に豪華になっています! 大体こんな感じの暮らしをしています(図32)。

図 32　今の我が家

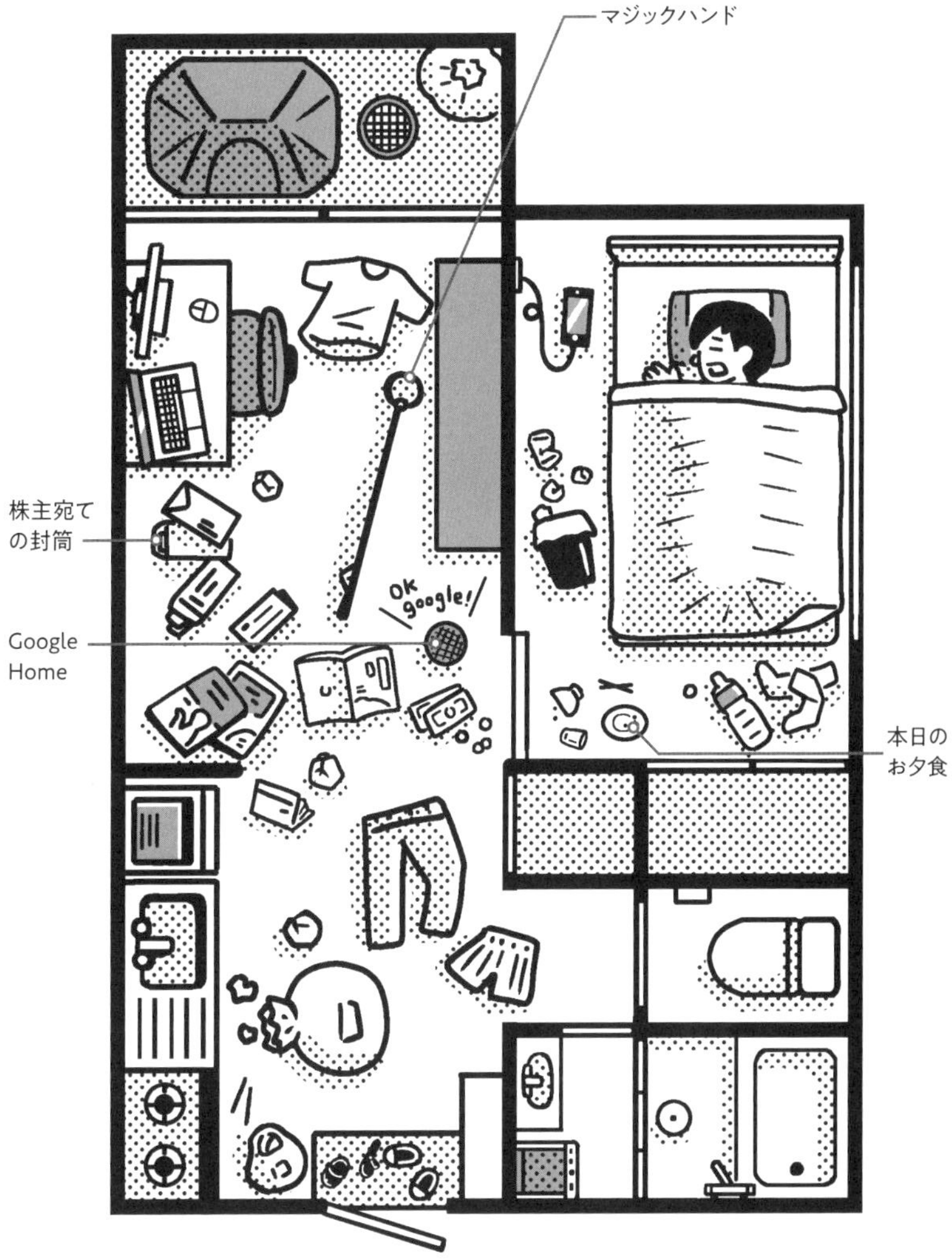

なんと私、2部屋もある大豪邸に住んでいるのですね～。億り人ですから当然と言えば当然の豪華物件で、お家賃は3万円を切っております。というか本当はワンルームや1Kでも全然構わないのですが、わが町にはワンルームの建物がほとんどないみたいなので仕方ありません。

築年数は相当経過しており、私より余裕で年上の物件です。そのため壁は砂や土のようなものでできていて、紙ヤスリみたいな質感をしています。わかりますでしょうか。ちょっとこすったら砂がボロボロ崩れてくる、あの謎の建築材料です。

畳もボロボロで、もしかしたら昭和のころから変えていないのではないかと推察されますが……。まあ、特に不便はありません。

ゴミや服が散乱しているのは、1人暮らしだからです。でもたまに掃除をしてピカピカにしています。

家に欠かせない、2つのもの

最低限でいえば、本気を出せば先述のブラック寮スタイルでいけます。必要なのはPCとスマホのみ。この2つがないとさすがに生活できません。生命は維持できますが、このご時世で所有しないのはあまりにもデメリットが大きすぎます。逆に言えば、どん底の素寒貧になっても通信インフラさえあれば復活を目指せるのではないでしょうか。

次点で必要なものは……今の私の家に置いているもの一式でしょうか。

家電でいえば冷蔵庫、電子レンジ、洗濯機。かなり低スペックのものを長く使っています。この中で優先順位をつけるなら、冷蔵庫→電子レンジ→洗濯機といったところですかね。24時間営業のスーパーのごく近所に住んでいて、いつでも食材が手に入る人なら冷蔵庫はいらないかもしれません。まさに人や環境による話だと思います。

先ほどの私の家の図をもう一度よく見てみてください。ゴミに埋もれてOK Googleとマジックハンドが転がっております。これは私の生活必需品です！

OK Google、もといGoogle Homeは非常に便利で、これなしでは生活できない体になってしまいました。我が家の電球はGoogle Homeで操作できるようになっており、１００％声で点灯・消灯しております。その他タイマー、目覚ましアラーム、ちょっとした計算や検索など、大変便利に使っています！　布団にもぐっていても操作できるのがよいところですね。

Google Homeを部屋のど真ん中に置いている理由は、どこにいても小声で操作できるからです。ボロアパートで壁がショボいため大声を出すわけにはいかず、必然的にこの配置になりました。数千円で手に入るので興味のある方は検討してみてください。

もう一つの生活必需品はマジックハンドです。長めで、かつグリップ力の強いものがおすすめですね。これは座椅子に座りながらにして遠くのものを取ったり、カーテンを閉めたりするときに使うもので、思いっきり手を伸ばせば射程は相当広がります。手の長さが2倍になったとしたら、ものを取れる範囲面積は長さの2乗＝4倍になるわけですよ。範囲体積でいえば3乗の8倍。マジックハンドをナメちゃいけません。長さは力です。

一念発起して散乱したゴミを片付けるときも、これを使えば高速でゴミ収集が可能。マジックハンドで部屋中からヒュヒュヒュヒュッ！　と集めてどんどんゴミ箱に捨てていきましょう。同様に服や靴下は洗濯カゴへ。実に効率的です。2本あったら二刀流でもっと早く作業できそうなんですが、そこまで部屋は広くないので効果は限定的ですかね。

ちなみに、今使っているのは100円ショップに行って300円で買った豪華版です。ケチって100円のものにするとグリップ力が弱く、つかめないものも出てくるため、マジックハンドは絶対ケチらず高スペックのものを買ったほうがいいですよ。
ベランダにあるテントと七輪は趣味です。ベランダに小さなキャンプ場を建設して癒されているのですが、必須というわけではありません。大してお金もかからず楽しいので、こちらも興味のある方はやってみてはいかがでしょうか。

まとめ

- PCとスマホだけは確保
- Google Homeとマジックハンドは超便利

FIRE修行と車中泊の意外な共通点

FIREしたらやってみたいことの一つが、期限を定めない無期限車中泊・47都道府県の旅です。キャンピングカーを所有してそれであちこち回ろうと思っています。

各都道府県で何かがしたいわけではなく、メインは車中泊のほうです。普通の車じゃなくて、ちゃんと宿泊を前提にして作られた車で生活することに憧れがあります。

でも、キャンピングカーはとても高い。軽自動車をベースとしたものでも、プロが内装を手がけたものだと400万円はします。いわんや普通車・大型車をや。億り人とはいえ生活がありますし、車にそんな大金は出せません。

それに、もし奮発して買ったとしても、すぐ飽きたらどうするんですか。たとえばピカピカのキャンピングカーで「47都道府県回るぞ!」と息巻いて東京を出発したものの、埼玉県と神奈川県をちょこっと回ったくらいで「あー、もう帰るわ」みたいになるとか。

というわけで私は、FIRE後の諸国行脚に向けての練習として、キャンピングカーを自作することにしたのです。

ちょうどそのころに「車を捨てたい」という友人がいたのでほぼ無料でボロ車をもらい受けました。車両取得費がほぼ無料とはいえ車検や保険で結構お金はかかるのですが、これは諦めて払いました。

休日を利用し、1人でDIYに取りかかりました。もらい受けた車は大きなバンです。大人1人が車中泊するには十分すぎる大きさ。最強です。

それからというもの、暇を見つけてはホームセンターに出かけ、ホームセンターの駐車場であれこれ内装作業を続けました。これは、とても楽しい時間でした。**自作キャンピングカーだからこそ、作る楽しみもある**んですよね。

試行錯誤の末、車両後部はベニヤ板で調整して完全フラットとなり、プライバシー用窓シェードや、ちょっとした飾りも自分で作りました。株主優待などを活用して、大型バッテリー、ランタン、机、コンロ、水タンク、電動シャワー、電気毛布、寝袋、収納棚といった道具もそろえました。

素人DIYなので細部は雑ですが、車内で十分に足を伸ばして寝られます。20Lの水と大容量電力を備え、生活インフラも完備。広々としていて、PC作業や調理も苦にならないサイズです。

調味料や掃除用具、調理器具、サバイバル道具なども積みこみ、ついに完成。命名「FIRE号」の誕生です！

車中で味わう「圧倒的優越感」

そして私はFIRE号でいろいろなところに行って泊まってみました。道の駅、山の中、立体駐車場、自分の駐車場、会社の駐車場、海釣り公園、無料キャンプ場など。全部同じくらい楽しいです。

たった1人でドアを全て閉め切って完全装備で引きこもる。

というのがわが車中泊の趣旨なので、まあどこに止めても大体同じなのです。（笑）

非日常感というか、「隠れてご飯食べて寝てるぜ～」みたいなギャップ感を楽しむという意味では、普通はやらないだろという意味で立体駐車場がよいですね（もちろん、宿泊してよい場所なのかは事前にしっかり確認してください）。

冷静に考えれば、わざわざ出かけたのに特に観光を楽しむわけでもなく、ひたすら車に引きこもってボソボソとご飯を食べ、普段より寝心地の悪い寝袋で寝ているだけです。楽しさの要素がいまいちピンとこない方もいるかもしれません。でも、楽しいのです。

おそらく私は「世間からの隔絶感」を楽しんでいるのだ、と結論づけました。車中ハカーの方ならわかってくれるかもしれませんが、なぜか大雪や台風の日にこそ、とても車中泊がやりたくなるんですよ。

車の外がてんやわんやになっている状況で、金属のドア1枚隔てた車内では平和に湯豆腐を食べている……。こうなると隔絶されていることがより浮き彫りになって、変な優越感に近いものを感じるのです。外の状況にかかわらず、自分の周りだけは自分基準の時間が流れている満足感というか、そんなイメージです。動中の静、みたいな。

さらに拡張して考えれば、私がＦＩＲＥ自体に求めているイメージもこういうものなんだと思うわけですよ。多分世間のＦＩＲＥ修行者の中にも、わかってくれる人はいると思います。魑魅魍魎《ちみもうりょう》が跋扈《ばっこ》する世間や会社から隔絶されて、動中の静という立場で静かに生きていきたいなあ……という感じですね。

そしてこの場合、世間と自身を隔てるものは車の金属板ではなくお金ということになります。FIRE修行者は、嵐と湯豆腐を隔てるような防御壁を毎日せっせせっせと作っているんですね。

この湯豆腐が人生における何にあたるのかはよくわからないんですけど、47都道府県をグルグル回るうちに何か見つかったらいいなあと思います。

車中泊遊びは工夫すれば意外と安く楽しめますので、とてもおすすめですよ。

まとめ

- キャンピングカーを自作すれば、お金のかからない趣味になる
- 「世の中から隔絶された感覚」は最高

おわりに　人生はお金じゃない

ここまで、節約にまつわるいろいろな話をお読みいただいてありがとうございました。中には「ハァ？？？」と目が点になった項目もあったことでしょう。だとすればそれは正常な感覚だと思います。

エリートでも何でもない三流ブラック企業の会社員が、一発逆転のラッキーもなく21年間で1億円蓄財するなんて、冷静に考えれば無理に近い話だったわけです。「誰でもできます！　超節約生活！」なんて口が裂けても言えません。まともであることを捨てなければ、まともじゃない蓄財ができるはずがないのです。

正直、私にとってのこの21年間は修羅の道でした。生まれ変わってももう一度やりたいか？　と問われれば断固拒否です！　イヤですよ。21年間ひたすらブラック企業で疲弊して、ようやく1億円を手に入れる人生なんて。

しかし一方で、本書を読んでこう感じた方もいるかもしれません。「お前、なんだかんだで楽しそうに暮らしてないか?」と。それもまた事実なんですね。

どうにか逃げ出したい一心で苦行のように始めた節約修行でしたが、少しずつ楽しくなってきた面もありました。お金が貯まってきてブラック企業からの逃走が近づいてくる達成感や安心感、増えていく貯金残高を見るのは楽しいことです。

しかしもう一つの大きなことは、節約生活や困窮生活自体はそんなに悪いものではないとも感じ始めたことでした。

節約=苦痛
浪費=楽しい

この観念がそもそもステレオタイプなものなのではないか、と。もちろん貧困が原因で不幸を呼ぶことはあるし、お金で解決できる苦痛もあります。しかし、だからと言って節約生活が不幸なものであるとは言えませんよね。気の持ちようです。

最近は無料の娯楽も増え、特にお金がなくても十分楽しむことだってできます。そして、ないならないなりに何かを工夫して自ら楽しむということもできますよね。

極端な節約生活をしていると、10円単位で喜怒哀楽が変化する子どものような金銭感覚になりますが、それと同時に子どものような娯楽感覚も持つのかもしれません。プリングルズ炊飯や引きこもり車中泊などなど、やっていることが子どもと変わりません。強烈節約生活をしていなければ、こんな遊びをやろうとも思わないでしょう。その様子を見て羨ましいと思う人もあまりいないと思います。

しかし当の本人は結構楽しんでいます。子どもも、大人から見たら「これ何が楽しいんだよ」と感じる遊びをしていることがありますが、めちゃくちゃテンション高いですよね。あれにちょっと近いんですかね。

最近はＳＮＳで他人の生活が可視化され、お金持ちやリア充がリッチな生活を見せびらかすことが増えました。それを見て格差に落胆する一般層や貧困層が増え、世の中全体が不幸になっているという論評も読んだことがあります。今は盛んに多様性と言いますが、ＳＮＳなどによる可視化の影響で、いわゆるハッピーの様式はむしろ画一化、さらには先鋭化しつつあるのではないでしょうか。

そんな中、私の謎の節約貧乏料理が突然ＳＮＳで海外をも巻きこむ特大バズを起こしました。意味不明の超節約生活で1億円近くを貯めた、わけのわからんやつがいるぞ！　ということで、地下の奥底から発掘されてしまったのですね。
それがきっかけでこんな本まで書かせていただいているわけですが、これも、世界中で画一化・先鋭化しつつあるハッピー様式からあまりにもかけ離れた軸で暮らす私の生活が少し求められていた世相のせいだったのかな、とも感じています。

というわけで！　そんな私が言うのだから間違いありません。節約生活や貧困生活だって、心の持ちようや工夫次第でとても楽しいものになります！

読者の皆さんすべてが十分にお金のある生活をしているわけではないと思います。上がらぬ給料に上がる税金、しんどい労働。こんな生活が豊かであるはずがないと、うつうつとしている人もいらっしゃるかもしれません。しかしそれでも十分幸せになりうるのです。
上を見てふてくされず、下を見て笑わず。足元の生活にあるハッピーを見つめ直してみてはいかがでしょうか。

今思えば、泣いて貯めても1億円、笑って貯めても1億円の人生だったと思います。それならもう少し笑いながら貯めてもよかったなと思うのですが、あの長い長い億の細道は、質素な生活を楽しむ心を得るために与えられた精神修行だったのかもしれません。

世にも珍しい蓄積型億り人として、超超超苦労して1億円を貯めたこの立場だからこそ、世間様には堂々と胸を張って言いたいです。やっぱり人生お金じゃなかったぞと。

……ぞと。

さて、ようやく書きたいことも書き終わったのでこれより急いで牛丼優待券を使いに行ってきます。だって使用期限が迫っていてヤバいんですよ!? 人生お金じゃなかったぞ、なんて言っている間に期限切れで500円損したらどうしてくれるんですか! うひー! これも楽しいよ! それじゃ行ってきます! ドヒューーーーーーン

［著者］

絶対仕事辞めるマン
強烈なブラック企業に勤める46歳独身男性。

超就職氷河期に命からがら就職するも、入社日にあまりのブラックさに絶望。その日から血を吐くような蓄財でアーリーリタイアを目指す。初任給から収入のほぼすべてを貯蓄し、以降20余年にわたり収入のほぼ最大限を貯蓄してきた。

過酷な職場環境にしばしば自死を考えるも、28歳の頃に資産1000万円を達成し「貯金は命を救う」と実感する。その後もFIREに向けた貯金を続けるが、ハイリスク投資に手を出して失敗したことも……。改めて「専守防衛」を合言葉にコツコツ生きることを誓う。

半生を犠牲にし、46歳にして資産1億円を達成。必死さだけで億の細道を踏破した世にも珍しい「蓄積型億り人」。今後はすべての恨みを水に流し、ブラック企業から逃亡して静かに余生を過ごそうと考えている。

日々の節約生活をつづったX（@MaqwgNaJKDOnxGb）は注目を集め、現在のフォロワーは6万人超。簡素な夕食のツイートがバズり、紹介された記事はYahoo!ニュースの総合ランキング1位を獲得。さらに、韓国や台湾、中国、タイ、ベトナムなど海外でも話題になる。テレビ朝日、TBSなど、各種メディアでも紹介された。

本書が初の著書。

座右の銘は「熱い三流なら上等よ」。

1億円の貯め方
——貯金0円から億り人になった「超」節約生活

2024年3月12日　第1刷発行

著　者——絶対仕事辞めるマン
発行所——ダイヤモンド社
〒150-8409　東京都渋谷区神宮前6-12-17
https://www.diamond.co.jp/
電話／03･5778･7233（編集）　03･5778･7240（販売）
カバーデザイン—井上新八
本文デザイン—相原真理子
イラストレーション—柏原昇店（本文）、無料イラスト素材サイト Frame illust（カバー）
DTP————エヴリ・シンク
校正————鷗来堂、三森由紀子
製作進行——ダイヤモンド・グラフィック社
印刷／製本—勇進印刷
編集担当——朝倉陸矢

ISBN 978-4-478-11922-8